Rudolf Hoppe

Jesus

Von der Krippe an den Galgen

Verlag Katholisches Bibelwerk GmbH, Stuttgart

Die Deutsche Bibliothek - CIP-Einheitsaufnahme

Hoppe, Rudolf:
Jesus : von der Krippe an den Galgen /
Rudolf Hoppe. -
Stuttgart : Verl. Kath. Bibelwerk, 1996
ISBN 3-460-33071-6

Meiner Familie

ISBN 3-460-33071-6

Gesamtherstellung: Druckerei Neubert, Bayreuth

Einleitung

Vor gut 10 Jahren äußerte Heinrich Böll in einem Gespräch mit dem Theologen K.-J. Kuschel, "daß wir alle eigentlich wissen - auch wenn wir es nicht zugeben -, daß wir hier auf der Erde nicht zu Hause sind, nicht ganz zu Hause sind. Daß wir also eher noch woanders hingehören und von woanders herkommen. Ich kann mir keinen Menschen vorstellen, der sich nicht, jedenfalls zeitweise, stundenweise, tageweise oder auch nur augenblicklicherweise klar darüber wird, daß er nicht ganz auf diese Erde gehört." Und dann sagt Böll ein paar Sätze, die wohl nur er so formulieren konnte und die man von einem Schriftsteller "systemimmanent" gewiß nicht erwartet: "Das hat nicht nur soziale oder gesellschaftliche Gründe. Es sind auch die Schwierigkeiten, sich mitzuteilen, sich auszudrücken, sich darzustellen. Viele Menschen haben ja nicht die Sprache und auch nicht die Möglichkeit, sich auszudrücken - und fühlen sich dann sicher nicht ganz zu Hause auf dieser Welt. Sie fühlen sich weder erkannt noch verstanden. Der Wunsch, die Sehnsucht, erkannt zu werden, führt in eine andere Welt" (Weil wir uns auf dieser Erde nicht ganz zu Hause fühlen. Gespräch mit K.-J. Kuschel, in: K.-J. Kuschel, Weil wir uns auf dieser Erde nicht ganz zu Hause fühlen, München 1985, S. 65f).

"Erkannt" und "verstanden" zu werden ist für jeden auf der einen Seite tatsächlich ein unausgesprochener Wunsch, auf der anderen Seite aber auch ernüchternd, zumindest ist es ein spannender und auch spannungsvoller Prozeß, im eigentlichen Sinne des Wortes.

Zu beiden Polen dieses lebendigen Prozesses hat die Gestalt Jesu von Nazaret ein konstruktives Verhältnis. Jesus sucht den Menschen. Sein Wirken besteht in der Begegnung mit ihm. Er sieht seinen Auftrag darin, ihn in seiner Lebensrealität vorbehaltlos wahrzunehmen und ernstzunehmen, ihn in seinen Möglichkeiten und Grenzen also im Sinne Bölls zu verstehen und so von seinen unerträglichen Lasten und Fesseln zu befreien. Dazu gehört allerdings auch, daß er ihm keineswegs die unangenehmen, aber notwendigen Seiten dieses Verstehensprozesses erspart, nämlich die eines wirklichen Erkanntwerdens - auch in seinen Schattenseiten. Es geht Jesus zutiefst darum, die aus einer ganzen Kette von Ursachen herzuleitende Not des Menschen zu "wenden". Die Episode von der Begegnung mit dem reichen Jüngling (Mk 10,17-31) kann dafür als exemplarisch gelten. Jesus stellt eben alles, stellt den *ganzen* Menschen auf den Prüfstand und redet ihm die betäubende Parole des "Weiter so" radikal aus.

Deshalb ist es mit einem nicht unbeträchtlichen Risiko verbunden, sich auf den Weg zu dem galiläischen Propheten zu begeben. Aber dieser Weg ist ein Weg mit Perspektive.

"Kennen wir Jesus? Das ist keine rhetorische Frage, die jeweils sofort eine befriedigende Antwort findet. Das ist die geheime Unruhe, welche die Kirchengeschichte in Atem hält, und ein unabgeschlossener, die Generationen überdauernder Prozeß." So sagt es in der ihm eigenen Deutlichkeit Ernst Käsemann (Der Ruf der Freiheit, Tübingen 4. Aufl. 1968, S. 37). Wir kennen Jesus natürlich nicht. Aber um unserer selbst willen können wir ihn kennen*lernen.*

Die vorliegende Jesus-Darstellung[1] will den Versuch machen, sich in diesen Prozeß hineinzubegeben und die Gestalt Jesu der heutigen Zeit nahezubringen, ohne den Graben von 1900 Jahren historischer Distanz zu jenem Mann aus Nazaret zu überspringen, der auf die Geschichte wie kein anderer eingewirkt hat und auch heute noch einen hinreichenden Eindruck davon gewinnen läßt, wie er die Mitmenschen zu seiner Zeit mit sich konfrontiert hat.

[1] Die Druckvorlage des Buches hat meine Sekretärin, Frau Elvira Kehrer, erstellt. Mein wissenschaftlicher Mitarbeiter, Herr Dipl.-Theol. Michael Reichardt, hat mir viele Hinweise über das Lesen der Korrekturen hinaus gegeben, Herr cand. theol. Alfred Hüttinger hat den Text auf Schreibfehler hin durchgesehen. Ihnen allen sage ich herzlichen Dank.

I. Die Frage nach dem "authentischen" Jesus

1. Rückfrage und Deutung

Jede Zeit hat ihren eigenen Zugang zur Frage nach Jesus, dabei auch ihre eigenen Interessen. In den 60er/70er Jahren beherrschte die gesellschaftspolitische Deutung Jesu die Diskussion. Jesus, der Sozialrevolutionär - das war damals zwar ein nicht unumstrittener, aber doch einflußreicher Interpretationsversuch. Das Jesusbild der unmittelbaren Gegenwart ist nicht so eindeutig zu beschreiben. Vom Psychotherapeuten über den Idealmenschen, der Männliches und Weibliches in sich vereinigt, bis hin zum prophetischen Wandercharismatiker, der den Unterprivilegierten seiner Zeit neue Hoffnung gegeben und die Ohnmächtigen und Sprachlosen deshalb auf sich gezogen habe, ist fast alles vertreten.

In einer Zeit, die verstärkt nach dem "Bleibenden" sucht, wird aber deshalb die Frage lauter, was man denn "wirklich" über Jesus sagen könne, über denjenigen Jesus, der noch frei sei von "kirchlicher" oder "dogmatischer" Übermalung bzw. (etwas polemischer formuliert) Verzeichnung. Anlaß für diese "Jesus-Renaissance" waren die tiefenpsychologische Jesus-Interpretation Eugen Drewermanns sowie (von ganz anderer Seite) scheinbare "Enthüllungen" bisher nicht veröffentlichter Schriften aus Qumran durch die Bücher "Verschlußsache Jesus" von Michael Baigent/Richard Leigh und "Jesus und die Urchristen" von Robert Eisenman. Zwar haben sich besonders die beiden letztgenannten Publikationen als Luftblasen erwiesen, das Mißtrauen gegenüber den Großkirchen und der Verdacht der vermeintlichen Verfälschung des Nazareners haben gleichwohl die Frage nach dem "wirklichen" Jesus neu provoziert. Insofern haben die kritischen oder manchmal pseudokritischen "Reißer" auch ihr Gutes. Denn sie werfen Fragen auf, die zweifellos berechtigt sind.

Inwieweit sich z. B. die spätere christologische Deutung Jesu bis hin zu den dogmatischen Aussagen der Konzilien mit dem Selbstverständnis Jesu und seiner Verkündigung verbinden läßt, ist nicht immer ganz einfach zu entscheiden. Damit ist noch gar nicht das Problem berührt, das darin besteht, daß die Aussagen der kirchlichen Tradition (notwendigerweise) in eine Sprache und Vorstellungswelt gefaßt sind, die uns Heutigen schwerlich ohne "Übersetzung" einen lebendigen Zugang zur Person Jesu ermöglichen. Oder wie originell Jesu Verkündigung bzw. wie weit sie vom jüdischen Umfeld her vorgeprägt war, ist eine Frage, die im Zuge einer Erforschung des antiken Judentums und eines konstruktiven jüdisch-christlichen Dialogs offen anzugehen ist, die in der neueren Exegese auch gründlich in Angriff genommen wurde - ich nenne nur den Namen Franz Mußner -, die aber sicher noch am Anfang steht.

Nun sind die den "wirklichen" Jesus betreffenden Fragen und Diskussionen nicht neu. Im Zuge der aufkommenden historischen Kritik in der Aufklärungszeit des 18./19. Jh. rückte schon einmal die Frage nach dem "authentischen" Jesus in den Vordergrund. Nachdem man erstmals gesehen hatte, daß die Autoren der Evangelien bzw. ihre jeweilige Tradition ihre je eigene Jesusdarstellung verfaßt und damit eine bestimmte Jesus-Interpretation vorgelegt hatten - deshalb aber auch der Verdacht bestätigt schien, der wirkliche Jesus sei in der weiteren Überlieferung deformiert und damit entstellt -, ging man mit aufklärerischem Optimismus an den Versuch, den "verschütteten" Jesus gewissermaßen "freizulegen".

Aber auch bei dem kritischen Verfahren der Jesusliteratur des 19. Jh. läßt sich ablesen, wie weit der historisch-objektivierende Anspruch der sog. Leben-Jesu-Forschung von übergeordneten Interessen bestimmt war. Albert Schweitzer zieht in seinem berühmt gewordenen Buch "Geschichte der Leben-Jesu-Forschung" (Tübingen 9. Aufl. 1984, S. 620) das ernüchternde Resümee: Die Leben-Jesu-Forschung "zog aus, um den historischen Jesus zu finden, und meinte, sie könnte ihn dann, wie er ist, als Lehrer und Heiland in unsere Zeit hineinstellen. Sie löste die Bande, mit denen er seit Jahrzehnten an den Felsen der Kirchenlehre gefesselt war, und freute sich, als wieder Leben und Bewegung in die Gestalt kam und sie den historischen Menschen Jesus auf sich zukommen sah. Aber er blieb nicht stehen, sondern ging an unserer Zeit vorüber und kehrte in die seinige zurück."

Das ist eine tiefe Einsicht, die vielleicht deprimieren könnte. Sie sagt aber in erster Linie, daß man Jesus nicht "hat", auch durch historische Forschung nicht "haben" kann, sondern daß sich der Nazarener jedwedem Zugriff entzieht. Gerade deshalb aber entbindet er uns nicht davon, nach ihm zu suchen, seiner Spur zu folgen und sich ihm auszusetzen. Es ist deshalb doch aufschlußreich, daß sich trotz der von Schweitzer herbeigeführten Ernüchterung die Überzeugung von der Notwendigkeit der historischen Rückfrage immer und immer

immer und immer wieder durchgesetzt hat, im Wissen darum, daß eine exakte Rekonstruktion des Lebens Jesu gleichwohl zum Scheitern verurteilt sein muß. Sicher ist die Rückfrage nach Jesus heute deshalb nicht in Kontinuität zum 19. Jh. fortzusetzen. Doch ist bei allen Schwierigkeiten im einzelnen nicht zu übersehen, daß schon die Jesusdarstellungen der Evangelien die Erinnerung an seine Geschichte und sein Wirken wachhalten wollten und uns dann eben doch zur Frage drängen: Wer war Jesus von Nazaret?, und zwar im geschichtlichen Sinne.

Natürlich lernen heutige Theologiestudierende in der ersten Einführungsvorlesung in die Evangelien, daß diese keine exakten Biographien sind. Das ist unter Zugrundelegung der heutigen Definition des Begriffs "Biographie" sicher auch richtig. Aber das ist dennoch nur die halbe Wahrheit. Werfen wir deshalb einen kurzen Blick auf diese Literaturform:

Wir erwarten von einer zeitgenössischen Biographie zwar eine präzise historische Darstellung, aber sie soll uns die beschriebene Person nahebringen und dazu verhelfen, sie im Kontext ihrer Zeit zu verstehen. Und dann können verschiedene Biographien die eine Person sogar gegensätzlich darstellen. Die Fakten sind dieselben, ihre Deutung aber ist unterschiedlich. An Personen, die polarisierende Wirkung gehabt haben - ich denke z. B. an Konrad Adenauer aus dem Bereich der Politik -, ließe sich das sicher deutlich machen. Kurzum: Auch eine "exakte" Biographie ist ein Deutungsversuch. Verhält sich das bei antiken Biographien ähnlich?

Wir kennen aus der griechisch-römischen Antike eine Fülle von Lebensbeschreibungen (anders übrigens als in der jüdischen Literatur). Hatten schon die griechischen "Historiker" Thukydides (ca. 455-400 v. Chr.) und Herodot (ca. 484-430 v. Chr.) "biographische" Elemente in ihre historischen Darstellungen aufgenommen, so gilt *Plutarch* (1./2. Jh. n. Chr.) als der eigentliche Begründer der antiken Biographie. Er hat uns Biographien zu großen Persönlichkeiten der Geschichte wie Alexander d. Gr., Caesar, Perikles, Demosthenes, Cicero u. a. hinterlassen. Aber wir dürfen nicht davon ausgehen, Plutarch sei es primär darum gegangen, einen möglichst "objektiv-historischen" Einblick in das Leben der von ihm beschriebenen Persönlichkeiten zu liefern. Bezeichnend ist etwa, daß er eine Reihe von "Parallelbiographien" verfaßt hat (z. B. Alexander und Caesar, Perikles und Fabius Maximus, Demosthenes und Cicero, also von großen Griechen und Römern), die die Gleichrangigkeit von Griechen und Römern anschaulich machen und zur Gewinnung eines Lebensideals durch die großen Gestalten der Vergangenheit führen wollten, um sich mit ihnen identifizieren zu können. Mit den Taten eines Helden sollte auf sein Wesen aufmerksam gemacht, damit aber auch ein Paradigma vermittelt werden, das grundsätzlich in jedem Menschen vorhanden, deshalb auch lebbar, in der beschriebenen Persönlichkeit jedoch bereits Wirklichkeit geworden ist. Hier liegt der Hauptakzent, nicht in der Sammlung von allen möglichen Fakten.

M. a. W.: Hier wird biographische Geschichtsschreibung zur Gewinnung von Lebensethik, d. h. grundsätzlich *interessegeleitet* geschrieben. Plutarch weist sogar darauf hin, daß das Typische u. U. eher in scheinbaren Nebensächlichkeiten liegen kann als in großen Kriegszügen: "Wie nun die Maler die Ähnlichkeiten dem Gesicht und den Zügen um die Augen entnehmen, in denen der Charakter zum Ausdruck kommt, und sich um die übrigen Körperteile sehr wenig kümmern, so muß man es mir gestatten, mich mehr auf die Merkmale des Seelischen einzulassen und nach ihnen das Lebensbild eines jeden zu entwerfen, die großen Dinge und die Kämpfe aber anderen zu überlassen" (Alexandros § 1 [Übersetzung K. Ziegler, Plutarch. Von großen Griechen und Römern, München 1991, S. 41]). Das Interesse des Biographen in der Antike ist also primär auf das Individuum gerichtet und hat ein sittlich-moralisches, nicht aber chronologisches Interesse.

Einer historiographischen Lebensbeschreibung sehr viel näher kommen in der Antike die römischen Kaiserviten des *Sueton*. Sie haben allerdings auch ein dezidiertes Interesse, nämlich die Kontinuität der römischen Geschichte aufzuweisen. Sie unterscheiden sich deshalb vom vorwiegend individualethischen und überzeitlichen Ansatz der griechischen Biographie erheblich. Aber der eben genannte Aspekt des *deutenden* Zugangs zur römischen Geschichte überlagert natürlich das historisch-biographische Interesse auch des Sueton, steht doch die Lebensbeschreibung eben im Bezug zur Geschichte des Volkes und ihrer kontinuierlichen Linie insgesamt, in der die Einzelpersönlichkeit als solche allerdings zurücktritt.

Wir sehen: Weder der zeitgenössischen Biographie noch der der Antike in ihrer unterschiedlichen Ausprägung ist an einer exakten Faktensammlung mit der Zielsetzung von reiner Objektivität und Vollständigkeit gelegen. Vielmehr weiß der antike Biograph wie der unserer Zeit um seine Aufgabe als Interpret. Auch Biographien stehen also unter einer durchaus "subjektiven" Leitidee, für die die

Fakten zwar von primärem Interesse, aber nicht der eigentliche Darstellungsgegenstand sind. Auch und gerade Biographien sind deutende Literatur und schöpferische Interpretation - mit geschichtlichem und überzeitlichem Interesse.

2. Der geschichtliche Charakter der ntl. Evangelienschriften

a) Eine wichtige Verständnisvoraussetzung

Der Begriff "Biographie" selbst ist zu vielschichtig, als daß man ihn auf die unterschiedlichen evangelischen Darstellungen des Wirkens Jesu im NT und der nachneutestamentlichen Zeit anwenden könnte. Aber schon die vier "kanonischen", also ins NT aufgenommenen Evangelien selbst sind nicht einfach auf eine Linie zu bringen. Zwar ist ihnen der biographische Rahmen von Taufe und Tod Jesu gemeinsam, Lk und Mt jedoch greifen bis auf die Geburt Jesu zurück. Die Geburt des Helden ist zwar durchaus ein Ansatzpunkt auch für die hellenistisch-biographische Literatur. Insofern liegen hier natürlich gewisse Berührungen zur antiken Biographie vor. Dennoch unterscheiden sich die Jesusdarstellungen der Evangelien von den griechisch-hellenistischen Biographien nicht zuletzt dadurch, daß sie auf idealtypische moralische Kategorien weitgehend verzichten. Schilderungen eines persönlich-moralischen Prozesses und der Entwicklung des Helden zur Hervorhebung seines beispielhaften Charakters für Zeit- und Volksgeschichte sind den Evangelien fremd.

Von der römischen Biographie unterscheiden sich die Evangelien insofern, als in ihnen die Einzelpersönlichkeit Jesus die dominierende Rolle spielt und zum Angelpunkt für die in seinem Namen *neu zu schreibende Geschichte* wird, die "Biographie" also gerade nicht im Dienst des in der römischen Literatur wichtigen Kontinuitätsaufweises der Geschichte steht. Zwar erscheint Jesus in den Evangelien auf der einen Seite als der Erfüller der Verheißungen des Alten Bundes und sieht sich selbst in einer Grundkontinuität zu Israel, aber er beansprucht doch, ganz Neues zu setzen, die Geschichte im Namen Gottes neu zu schreiben. Das wird uns noch bei einem Vergleich Jesu mit Johannes d. T. deutlich werden. Zudem widerstrebt der Charakter der *Einmaligkeit* der Gestalt Jesu als Gottesoffenbarer, dem sich - so die Intention der Evangelisten - die Leser der Evangelienschriften glaubend öffnen sollen, zeitgenössischen Biographien.

Auch wenn also klargeworden ist, daß uns keine biographische Jesusgeschichte im eigentlichen Sinne zur Verfügung steht, ist mit dem Vergleich mit klassischen "Biographien" für das Verständnis der Evangelien viel gewonnen. Wir können uns nämlich jetzt eher vorstellen, daß auch die Jesusdarstellungen interessegeleitet und tendenziös sind und sein müssen, daß sie also allem voran eine Botschaft haben und *überzeugen* wollen. Das geht nicht zuletzt aus der Vielfalt der literarischen Formen, die sich in der Jesusüberlieferung finden, hervor (Wundergeschichten als Bedeutungsgeschichten, Gleichniserzählungen als Ermutigungsgeschichten oder Belehrungen u. ä.).

Die dargestellte Jesusgeschichte will indes nicht nur überzeugen und Glauben wecken, sondern mehr: sie will zur *Nachfolge* motivieren. Die vier Evangelien sind in ihrer uns vorliegenden Endfassung zwischen 70 und 100 n. Chr. verfaßt worden. Deshalb steht jeder ihrer Autoren selbst schon in der Nachfolgesituation, keiner ist ein aussenstehender, nur registrierender Beobachter, sondern will seinerseits den Glauben daran wecken, daß seine Geschichte und damit die Jesusgeschichte "wahr" ist. Nur wenn der Leser sich auf die dargelegte Jesusgeschichte einläßt und zum Nachfolger des Nazareners wird, kann er ihn verstehen. Dazu wollen die Evangelien drängen - eben aus der Einsicht heraus, daß historisches "Wissen" allein nicht zum Verstehen führt.

Steht hinter einem Evangelium also die Deutungssicht seines Autors, so ist es doch gerade nicht das Ergebnis subjektiver Spekulation und Willkür. Davor bewahrt schon die Gattung "Evangelium" als solche, unabhängig einer näheren Definition. Ob wir es eine "Verkündigung in Form geschichtlicher Darstellung" oder "biographische Offenbarungserzählung" nennen oder wie immer wir das Evangelium gattungsgemäß bestimmen, entscheidend ist das Interesse am irdischen Wirken Jesu und seiner geschichtswirksamen Bedeutung. Denn auch da, wo die Evangelisten nichtauthentische Jesusworte aufnehmen, selbst in ihre Überlieferungen eingreifen oder gar eigene Erzählungen schaffen, sind sie um eine Deutung des *geschichtlichen* Jesus und die Übersetzung seines Wirkens in ihre Zeit und Gemeindesituation bemüht. Es geht ihnen immer um Erinnerung an die einmalige Geschichte des Jesus von Nazaret.

b) Jesusgeschichte im Lichte des Osterglaubens

Das erwähnte Interesse der Evangelien am geschichtlich-irdischen Jesus muß allerdings noch von einer anderen Seite betrachtet werden. Denn bisher war noch nicht von jenem Wendepunkt die Rede, der für die Konstituierung der Jüngergruppe als nachösterliche Sammlungsbewegung und damit als grundlegender Deutungshintergrund der Person Jesu in der zweiten Hälfte des 1. Jh. n. Chr. die entscheidende Voraussetzung ist, nämlich dem von den Jüngern bezeugten Auferweckungshandeln Gottes am gekreuzigten Jesus. Die Evangelisten lassen aus ihrer eigenen nachösterlichen Situation den irdischen Jesus so zu Wort kommen, daß die Adressaten ihrer Schriften von seiner bleibenden Gegenwart überzeugt werden können. Sie nehmen also eine Verschränkung von irdischem Wirken und himmlischer Präsenz Jesu in ihrer Evangeliendarstellung vor, was dann z. B. dazu führt, daß sie den Auferweckten in menschlich-gegenständlicher Handlungsweise beschreiben (vgl. die Emmausgeschichte Lk 24,13-35 oder die Thomasgeschichte Joh 20,24-29). Der irdische Jesus kommt nicht als ein Mensch zu Wort, dessen Dasein am Karfreitag endet, sondern seine dauernde Gegenwart über den Tod hinaus ist den Jesustradenten Voraussetzung für die Erzählung vom Irdischen. Immer begegnet uns der als auferweckt und erhöht geglaubte Jesus in "irdischer" Kommunikationsweise. Oder anders ausgedrückt: Es läßt sich nicht leugnen, "daß die urchristliche Jesusüberlieferung und damit auch unsere Evangelien die Inhalte der Jesusgeschichte vom Standort und aus dem Verstehenshorizont des durch Ostern gewonnenen Glaubens und Lebens auswählten und rezipierten und dabei dieselben bald mehr, bald weniger interpretierten, transformierten und aktualisierten, so daß die Evangelien nicht nur den verkündigenden, sondern auch den seit Ostern verkündigten Jesus zu Wort kommen lassen" (Anton Vögtle, Der verkündigende und verkündigte Jesus "Christus", in: J. Sauer [Hrsg.], Wer ist Jesus Christus?, Freiburg 1977, S. 27-91, hier S. 27f).

Kommen wir nun hier noch einmal auf die Wirkung Albert Schweitzers zurück: Läßt dieser nicht zu bezweifelnde Tatbestand den Schluß zu, die historische Frage nach dem vorösterlichen Jesus komme über ein problematisches Konstrukt nicht hinaus, Jesus sei eben "eine nur im Glauben begreifbare Gestalt" (Rudolf Schnackenburg, Die Person Jesu Christi im Spiegel der vier Evangelien, Freiburg 1993, S. 19), die die Geschichte durchbreche und überrage (vgl.

ebd.)? Müssen wir tatsächlich eher resigniert (nach den langen Forschungen des 19./20. Jh.) feststellen, "daß sich eine zuverlässige Sicht auf die geschichtliche Gestalt Jesu von Nazaret durch wissenschaftliches Bemühen mit historisch-kritischen Methoden kaum oder nur unzulänglich erreichen läßt" (S. 348)? Allerdings weist auch der zitierte hochangesehene Autor darauf hin, daß die Evangelisten ihre Jesusdarstellungen "in Erinnerung an sein geschichtliches Auftreten und Wirken" (S. 345) niederschrieben. Oder muß man sich von der im unlängst von Klaus Berger vorgelegten Jesus-Buch eingebrachten Verdächtigung schrecken lassen, bei der Unterscheidung von echten und unechten Jesusworten finde man immer nur, "was man sich ohnehin schon unter Jesus vorstellte" (Wer war Jesus wirklich?, Stuttgart 1995, S. 16)? Muß man also auf eine Unterscheidung zwischen historischem Jesus und nach Ostern geglaubtem Christus verzichten, eine Unterscheidung, die die biblischen Autoren tatsächlich nicht gemacht haben?

Ich glaube nicht, daß man sich am Ende des 20. Jh. unter Verzicht auf die historische Fragestellung dem Nazarener nähern kann. - Warum wird denn in den relativ späten Evangelien ein Rückbezug auf die Geschichte des irdischen Jesus entworfen? Doch wohl deshalb, weil die Evangelisten ihren Glauben an die Gegenwart des erhöhten Jesus mit seinem *Leben* zu verbinden suchten und sich vor die Notwendigkeit gestellt sahen, die Bedeutung des österlichen Jesus für den Glaubenden (oder doch auch: "noch nicht Glaubenden") geschichtlich zu verorten und erfahrungsbezogen darzustellen. Der auferweckte Herr kann sich doch bei denen, die erst von ihm überzeugt werden sollen, nicht allein durch den subjektiven Glauben der Missionare vermitteln lassen, sondern - und damit greifen die Evangelien einen wichtigen Einzelzug der Gattung "Biographie" auf - im geglaubten Rückbezug auf die Taten des Irdischen und seine Geschichte. Die Adressaten der nachösterlichen Verkündigung Jesu waren zwar keine nachaufklärerischen Skeptiker heutiger Prägung, aber auch sie mußten erst einmal überzeugt werden.

Christliche Literatur und Glaubensverkündigung mit Hilfe einer Darstellung der *Geschichte* Jesu ist so selbstverständlich, wie es den Anschein hat, nicht. Denn lange vor den Endredaktionen der Evangelien hatten sich - im Lichte des Osterglaubens - Bekenntnisse, Hymnen und erzählerische Glaubensaussagen gebildet, in denen Jesus als der in den Himmel Erhöhte und zu gottgleichem Status Qualifizierte besungen wurde (vgl. Phil 2,6-11; Eph 1,20 oder Kol 1,15-

20). Hinter diesen und anderen hymnischen Reflexionen des hellenistischen Kulturbereichs steht die Frage nach der Teilhabe des Glaubenden am überirdischen, himmlischen Leben, das nur durch das gottgleiche Wesen ermöglicht werden kann. Die späteren dogmengeschichtlichen Entfaltungen stützen sich denn auch primär auf diese *wesens*orientierten Christus-Aussagen. Sicher, zeitgleich haben sich (noch im palästinischen Traditionsbereich) ebenfalls literarisch erzählerische Episoden aus dem Wirken des irdischen Jesus gebildet, aber eine logische Notwendigkeit zum Rückbezug auf eine geographische und chronologische Geschichte des Wirkens Jesu mit einer "Wegbeschreibung" von der Begegnung mit dem Täufer bis zum Kreuzestod, wie sie die Evangelien vornahmen, bestand für Glaube und Mission nicht unbedingt; ganze Bereiche der sich bildenden christlichen Welt (vor allem im hellenistischen Kulturbereich) kamen lange Zeit bis in die 70er Jahre ohne geschichtlich-erzählerische Darstellung aus. Daß man aber doch den Weg der Geschichtsdarstellung auch im hellenistischen bzw. hellenistisch-jüdischen Traditionsbereich, wo dann schließlich alle vier Evangelisten zu verorten sind, gegangen ist, zeigt hingegen die Relevanz der Geschichte des Irdischen, zeigt unübersehbar, daß für die ntl. Überlieferung am irdisch-geschichtlichen Jesus vorbei keine Jesusinterpretation möglich ist. Auch für Paulus ist auf seine Weise die Geschichte des Gekreuzigten Zentrum aller weiteren christologischen Reflexion. Der Betrachter im Rückblick - und das ist jeder seit der ersten christlichen Generation - hat folglich vom verkündigten Christus zum Irdischen zurückzufragen und umgekehrt dem Weg des Irdischen zum Erhöhten nachzugehen. Beides steht in Korrespondenz zueinander.

Die Evangelisten haben mit ihren Schriften eine neue Gattung christlicher Literatur begründet, indem sie aktuelle Glaubensverkündigung in die Form einer geschichtlichen Darstellung kleideten. Wenn sie auch keine Historiker im objektivierend-exakten Sinne sind, so haben sie doch das Wirken Jesu zwischen seiner Taufe im Jordan und seinem gewaltsamen Ende am Kreuzesgalgen in seiner Vielseitigkeit so getreu festgehalten, daß die nachfolgenden Zeiten und Generationen sich ein in den Grundzügen zutreffendes Bild vom Nazarener machen können. Daran hat sich alle spätere Glaubensreflexion zu orientieren. Man mag dem mit einigem Recht entgegenhalten, daß das Historische als solches noch keine letzte Aussagekraft besitzt. Aber ohne geschichtliche Grundlage muß alle Interpretation unzureichend bleiben oder öffnet subjektiven Spekulationen Tür und Tor. Davon zeugen allerdings auch kirchliche Jesusbilder.

Man kann u. U. auch einwenden, hier werde ein zu großer "Rekonstruktionsoptimismus" an den Tag gelegt. Sicher muß man sich mit historischen Urteilen Zurückhaltung auferlegen. Gerade die kritische Jesusforschung der letzten 150 Jahre hat gezeigt, daß manche vermeintlich gesicherten Ergebnisse doch wieder revisionsbedürftig waren. Dieser Vorbehalt gilt aber für jeden Versuch einer Annäherung an Jesus. Ebenso mahnt das nicht zu umgehende *Vor*verständnis des Fragestellers zur Vorsicht. Man muß sich darüber klar sein, daß die Rückfrage nach Jesus einen vielschichtigen Prozeß beim Fragesteller selbst auslöst und es die reine historische Objektivierung nicht gibt. Aber das ist alles andere als ein Grund zum generellen Verzicht auf die historische Fragestellung. Es ist ja geradezu gefordert, daß der Fragesteller *sich* Jesus *stellt* und sich bedingungslos und in aller Offenheit auf die Suche nach dem Mann, "der alle Schemen sprengt" (E. Schweizer), macht, ohne sein (notwendig gegebenes) Vor-Urteil absolut zu setzen.

Unter dieser Beschränkung ist es im vorliegenden Buch das Ziel, die leitende Linie im Leben und Wirken Jesu aufzuspüren, mit der der Nazarener auf seine Begegnung mit der Welt in seiner Botschaft von Gott geantwortet hat. Sie stellt das Kriterium auch für den heutigen der Person Jesu verpflichteten Zeitgenossen in seiner Verhältnisbestimmung zu Gott und Welt dar.

Wenn also die Rückfrage nach Jesus unternommen werden soll, geht es nicht um den vergeblichen Versuch einer biographischen Rekonstruktion des Lebens bzw. Wirkens Jesu, sondern um eine Annäherung an seine zentralen Verkündigungsinhalte in der ihm vorgegebenen Lebenssituation und die damit verbundene Frage einer Zuordnung seiner Botschaft zu seinem demütigenden Ende in Jerusalem.

Exkurs: Fragen zur Herkunft Jesu

Vor diesem schwierigen Unternehmen sei aber noch kurz ein Blick auf die Aussagen der Evangelien zur *Herkunft* Jesu geworfen:

Geläufig sprechen wir von Jesus *von Nazaret.* Diese Ortsbezeichnung scheint also die Herkunft Jesu zu signalisieren. Das Wort Jesu in Mk 6,4 ("Ein Prophet ist nicht mißachtet, außer in seiner Vaterstadt ..."), das Mt 13,57 und Lk 4,24 im Prinzip übernehmen, zeigt, daß der Herkunftsort Nazaret fester Bestandteil der ganzen Jesusüberlieferung ist. Dem stehen bei Lk und Mt aber die sog. "Kindheitsgeschichten" gegenüber, die die Geburt Jesu in *Betlehem* lokalisieren, doch ist zu berücksichtigen, daß es sich in Mt 1-2 und Lk 1-2 nicht um "Kindheitsgeschichten" im biographischen Sinne handelt.

Die Evangelienanfänge bei Mt und Lk wollen mit ihrer Christusdeutung vielmehr wie in einem Brennpunkt konzentriert die folgende Evangelienschrift einleiten, um auf deren Basis die eigene Jesusgeschichte folgen zu lassen. Die grundgelegte Christusdeutung wird mittels der Geschichte Jesu entfaltet. Das Johannesevangelium geht im Prinzip ähnlich vor, auch hier ist der "Prolog" in Joh 1 der Schlüssel zum Verständnis des Evangeliums. Weil nun die Deutungsakzente der Person Jesu bei Mt und Lk im Evangelium insgesamt auseinandergehen, liegt es auf der Hand, daß auch die "Kindheitsgeschichten" in ihren inhaltlichen Linien Differenzen aufweisen.

Dennoch läßt sich die Frage stellen, ob nicht trotz aller Unterschiede bei Mt und Lk im einzelnen deren Erzählungen historisch zuverlässige Nachrichten zugrundeliegen, die für unsere Frage nach Jesus von Interesse sind und seinen Weg "Von der Krippe bis zum Galgen" in seinen Anfängen beschreiben. Wenn wir allerdings die Erzählungen miteinander vergleichen, reduzieren sich die Übereinstimmungen auf einige wenige, wenn auch nicht unwesentliche Anhaltspunkte:

Beide Evangelisten gehen von der geistgewirkten Empfängnis Jesu aus, wenn auch in unterschiedlichen Erzählungsvorgängen. Mt berichtet in 1,18 sehr viel nüchterner ("Noch bevor sie [Maria und Josef] zusammengekommen waren, zeigte sich, daß sie ein Kind erwartete - durch das Wirken des Heiligen Geistes") als Lk, der in einer großartigen Szenerie den Engel Gabriel Maria erscheinen, ihr die Begnadigung durch Gott zusagen und die Geburt des Gottessohnes durch das Wirken des Geistes ankündigen läßt (Lk 1,26-38). Beide Evangelien lokalisieren dann die Geburt Jesu in Betlehem. Übereinstimmung besteht auch in der Konstellation der Personen: Neben Maria, Josef und Jesus als den Hauptpersonen wird durch die Gestalt Herodes' d. Gr. (37-4 v. Chr.) die Szenerie in die gleiche geschichtliche Epoche eingeordnet (vgl. Lk 1,5; Mt 2,1-12), wobei der Großkönig bei Mt 2,1-12 in der Magiergeschichte eine ungleich gewichtigere Rolle spielt.

Läßt sich aus diesen wenigen, zweifellos gewichtigen Berührungen zwischen Mt und Lk eine zuverlässige historische Grundlage gewinnen? Darüber ist in der Forschung bisweilen heftig gestritten worden. Mit der gebotenen Zurückhaltung, ein historisches Urteil zu fällen (das ja sachlich bedingt immer nur ein "Wahrscheinlichkeitsurteil" sein kann), scheint die Annahme vertretbar, daß es sich bei den Erzählungen von der Ankündigung und Geburt Jesu um deutende Glaubensgeschichten, d. h. um "Geschichten als Christusverkündigung" handelt, die in Jesus den Messias und von Gott gesandten Retter sehen. Auf dieser *Glaubens*ebene wollen Mt 1-2 und Lk 1-2 gelesen und vor allem weitererzählt werden. Deshalb empfiehlt sich ein Verzicht, das Verständnis der "Kindheitsgeschichten" auf der historischen Ebene zu suchen. Das gilt auch für den Geburtsort Betlehem. Wenn die Geburtsverkündigung der beiden Evangelien Mt und Lk Jesus als den prophetischen Heilbringer und Messias verkündigen wollten, lag ein Rückgriff auf den prophetisch belegten Geburtsort Betlehem nahe:

> Aber du, Betlehem-Efrata, so klein unter den Gauen Judas, aus dir wird mir einer hervorgehen, der über Israel herrschen soll (Mi 5,1).

Die Entstehung der Aussage von der geistgewirkten Empfängnis kann als Jesusinterpretation gut auf das griechischsprechende Judenchristentum zurückgeführt werden. In diesem religions- und kulturgeschichtlichen Umfeld hat sie hohe Aussagekraft, um die göttliche Bedeutsamkeit Jesu verständlich zu machen. Aus der Tradition des hellenistischen Judentums bzw. Judenchristentums stammen die Überlieferungen, die Mt und Lk unabhängig voneinander für ihr Evangelium verwendet haben. Noch der nachapostolischen Literatur des 2. Jh. n. Chr. ist das Theologumenon (= theologische Bedeutungsaussage) unbekannt, bis auf Ignatius von Antiochien. Mit ihm befinden wir uns aber wiederum genau in dem Traditionskreis des frühen Christentums, der auch für die Evangelienanfänge des Mt und Lk maßgeblich war.

Wenn wir also davon absehen, die "Prologgeschichten" des Mt und Lk zu harmonisieren und ihnen ihre sachgemäße Botschaft lassen, läßt sich sagen: Sie wollen uns schon zu Beginn des jeweiligen Evangeliums zu dem Glauben führen, "daß in Jesus von Nazaret der wahre Weltheiland geboren ist, durch den Gott seine Macht als gnädiges, heilschaffendes Erbarmen offenbarte." So formuliert treffend

Anton Vögtle (Was Weihnachten bedeutet, Freiburg 6. Aufl. 1990, S. 143).

Für unsere historisch orientierte Fragestellung bedeutet das, daß wir dem Wirken und der Verkündigung Jesu *von Nazaret* nachgehen und seinem Weg von *Nazaret* in Galiläa nach Jerusalem folgen.

II. Johannes der Täufer und Jesus

1. Johannes der Täufer: Vorläufer, Lehrer, Konkurrenzfigur?

Auftreten und Wirken Jesu sind nicht ohne die prophetisch-charismatische Gestalt Johannes' des Täufers zu verstehen. Insofern ist die Darstellung der Evangelienüberlieferung, die den Täufer Jesus vorausgehen läßt, durchaus sachgemäß. Neben dem jüdischen Geschichtsschreiber Flavius Josephus sind die Evangelien die einzige Geschichtsquelle, aus der wir etwas über den einflußreichen Propheten im Israel der Zeitenwende erfahren.

Die im NT bezeugte Tauftätigkeit ist auch für Josephus ein wesentliches Charakteristikum des Johannes. Ansonsten schildert er ihn als einen moralisch edlen Menschen, der das jüdische Volk zu Gerechtigkeit und Frömmigkeit anhielt und dessen Predigt auf die Menschen so anziehend wirkte, daß Herodes Antipas ihn aus Furcht vor Aufruhr und Erhebung des Volkes umbringen ließ. Josephus schreibt in seinen "Jüdischen Altertümern" (18,5,2):

> Den letzteren [Johannes] nämlich hatte Herodes hinrichten lassen, obwohl er ein edler Mann war, der die Juden anhielt, nach Vollkommenheit zu streben, indem er sie ermahnte, Gerechtigkeit gegeneinander und Frömmigkeit gegen Gott zu üben und so zur Taufe zu kommen. ... Da nun infolge der wunderbaren Anziehungskraft solcher Reden eine gewaltige Menschenmenge zu Johannes strömte, fürchtete Herodes, das Ansehen des Mannes, dessen Rat allgemein befolgt zu werden schien, möchte das Volk zum Aufruhr treiben, und hielt es daher für besser, ihn rechtzeitig aus dem Weg zu räumen ... Auf diesen Verdacht hin ließ also Herodes den Johannes in Ketten legen, nach der Festung Machaerus bringen und dort hinrichten.

Die akzentuierte ethische Vorbildhaftigkeit des Johannes läßt deutlich die hellenistisch-moralisierende Sicht des Römerfreundes Josephus erkennen, dem die Hinrichtung des Täufers sicher nicht gelegen sein konnte, dessen kurzer Bericht aber doch zutage fördert, wie sensibel die Vasallen Roms in Palästina sogar auf eine doch ganz unpolitische Bewegung reagierten.

Vielfältiger sind die Nachrichten über den Täufer aus dem NT. Alle Evangelien und die Apg integrieren die Täuferfigur in ihre Jesus-Darstellung bzw. die der Urgemeinde. Dennoch ist eine historische Präzisierung der prophetischen Gestalt sehr schwierig. Das hängt damit zusammen, daß die Bedeutung des Täufers im NT nicht für sich, sondern durchweg in ihrer Vorläuferschaft und damit in Hinordnung auf Jesus gesehen wird. Hier ist also das *christologische Interesse* maßgeblich. Dieser Eindruck wird schon dadurch erweckt, daß das Auftreten des Täufers und das Jesu als ein Nacheinander erscheinen, in dem der "Kleine" auf den "Größeren" verweist:

> Ich taufe euch mit Wasser zur Umkehr, der aber, der nach mir kommt, ist stärker als ich, dessen ich nicht wert bin, die Sandalen zu tragen (Mt 3,11 = Q [Überlieferung, die Mt und Lk unabhängig voneinander neben dem Mk-Evangelium als Quelle für ihre Evangelienschrift dient]).

Das wird dann bei Joh noch erheblich gesteigert:

> Als Jesus vorüberging, richtete Johannes seinen Blick auf ihn und sagte: "Seht, das Lamm Gottes!" (Joh 1,36).

Die chronologische Einordnung des öffentlichen Wirkens Jesu nach der Festsetzung des Täufers (vgl. Mk 1,14f; Mt 4,12) entspringt dem christologischen Interesse der urchristlichen Überlieferung, Jesus als den Größeren gegenüber dem Täufer erscheinen zu lassen. Dem steht eigentümlich der Gang Jesu zur Johannestaufe am Jordan, bei dem Jesus ja *zum Täufer* geht und sich durch seine Einreihung in die bußwilligen Israeliten dem Täufer *unterordnet,* entgegen (was dem Taufereignis eine sichere Historizität verschafft). Aber auch hier wird Jesus von den Evangelisten dem Täufer insofern doch schon übergeordnet, als er bei der Taufe mit dem Titel des Gottessohnes ausgezeichnet wird (Mk 1,9-11; Mt 3,13-17; Lk 3,21f).

Unter Berücksichtigung dieser Besonderheit, d. h. der christlichen "Überformung" der Täuferüberlieferung durch die christliche Tradition, lassen sich dennoch einige inhaltliche Linien der Verkündigung des Täufers ausmachen: Ganz sicher ist der Wirkungsort des Johannes die Wüste, genauer die Ostseite des Jordan im Gebiet von Peräa, innerhalb des Herrschaftsgebietes des Herodes Antipas, eines Sohnes und Nachfolgers Herodes' d. Gr. Da Johannes auf Geheiß des Antipas hingerichtet wird, muß er im Ostjordanland aufgetreten sein. Als Wüstenprediger konnte er sich aus der prophetischen Tradition verstehen, denn schon der hinter Jes 40 stehende Prophet verbindet sein Auftreten mit der Wüste (vgl. Jes 40,3). Aber auch die sonstigen Akzente der Täuferbotschaft erweisen dessen prophetisches Selbstverständnis. Das belegen besonders die folgenden Anhaltspunkte: Zwar begegnet die Vorstellung von der Taufe mit Feuer (Mt 3,11; Lk 3,16) in der israelitisch-jüdischen Tradition nur hier bei Johannes, wie auch die Taufe selbst analogielos ist (s. u.), aber schon der atl. Prophet Zefanja wußte um das Feuer des leidenschaftlichen Eifers, das am "Tag des Herrn" die ganze Erde verzehren werde (vgl. Zef 1,18). In die Prophetie weist auch Mal 3,19. Dort kündigt der Prophet den Gerichtstag an, der die aus den Überheblichen und Frevlern bestehende Spreu verbrennen wird. Das wiederum ist vergleichbar mit der Ankündigung des Täufers, Jahwe (oder ein von ihm mit dem Gericht Beauftragter) werde kommen und die (vom Weizen getrennte) Spreu verbrennen (vgl. Mt 3,12; Lk 3,17). Vielleicht hat auch die in Mk 6,14-16 überlieferte Vermutung, Jesus sei der auferstandene Johannes bzw. Elija einen Anhalt in Mal 3,23, wo der Prophet vom Kommen des Elija vor dem Gerichtstag spricht:

> Bevor aber der Tag des Herrn kommt, der große und furchtbare Tag, seht, da sende ich zu euch den Propheten Elija.

Und wenn Johannes an der Stelle wirkt, an der Elija nach 2 Kön 2,1-18 in den Himmel aufgenommen wurde, wo man auch seine Wiederkunft erwartete, entspricht das ganz genau dem prophetischen Selbstverständnis des Täufers.

Der Ort des täuferischen Wirkens führt dann zu einem weiteren Charakteristikum seiner Botschaft: Die Stelle, an der Elija in den Himmel fuhr und an der nun der Täufer auftrat, ist genau die Stelle, wo nach atl. Überlieferung Israel *vor* dem Übergang ins gelobte Land stand (vgl. Jos 4,13-23). Wenn Johannes tatsächlich das Exodusvolk im Blick hat - die Wirkungsstätte in der Wüste legt das jedenfalls nahe -, ist es freilich auffällig, daß er damit keine ausdrückliche Heilsvorstellung verknüpft. Die positiven Perspektiven, die noch Jos 4,23 (Durchschreiten des ausgetrockneten Jordan) mit der Exodusgeschichte (Durchschreiten des ausgetrockneten Schilfmeers) verbinden konnte, finden sich in der Täuferpredigt gerade nicht, im Gegenteil: Daß der Täufer gerade an dieser Stelle das Volk vor dem Slogan "Wir haben doch Abraham zum Vater" (Mt 3,9/Lk 3,8) warnt, also seine aus der Abraham-Zugehörigkeit abgeleiteten Ansprüche bestreitet, spricht deutlich gegen eine positive Erinnerung an den Exodus und ist im Gegenteil eine Provokation aller für selbstverständlich gehaltenen Privilegien aufgrund der Zugehörigkeit zum israelitischen Volk. Diese allen Erwartungen zuwiderlaufende Einseitigkeit korrespondiert mit den Grundlinien der zeitgenössischen Apokalyptik, die der Geschichte keine positiven Perspektiven mehr abgewinnen kann, sondern allein auf Jahwes Eingreifen hofft. Hier liegen Gemeinsamkeiten, so sehr Johannes auch sonst von der Apokalyptik zu unterscheiden ist.

Der zentrale Aspekt johanneischen Wirkens ist die Taufe als *sichernde Bewahrung vor dem kommenden Zorngericht*. Sie steht analogielos in der zeitgenössischen Umwelt da. Weder die Ritualbäder, in denen nach israelitisch-jüdischer Sitte der einzelne seine Reinigung vollzieht, noch das zur Heilung führende Untertauchen im Jordan (2 Kön 5,1-19) sind vergleichbar. Ziel der Taufe ist die Bewahrung vor dem unausweichlich hereinbrechenden, vernichtenden Gericht Jahwes und nicht etwa die Versetzung in einen Status, ein neues Sein o. ä. Das ist eine logische Konsequenz aus dem Umstand, daß der Täufer seinen Adressaten die Heilsansprüche, die sie aus ihrem Selbstverständnis, das erwählte Volk zu sein, zogen, grundweg bestritten hatte, ein Erwählungsverständnis, das schon vom dritten Jesaja (Jes 56-66) und von Sacharja gehörig in Frage gestellt worden war. Auch die mit der Taufe verbundene Hinordnung auf die Sündenvergebung spricht nicht gegen diese rigorose Einschätzung der Situation des Gottesvolkes: Das unausweichliche Gericht kommt, so ist vorauszusetzen, wegen der Sünden und der angesichts des torawidrigen Verhaltens faktisch widergöttlichen Lebenspraxis. Mit der Vergebung der Sünden durch Taufe und Umkehr entfällt die Konsequenz des zu erwartenden Gerichts für den einzelnen, nämlich den bußfertigen Täufling, aber nicht grundsätzlich. Im übrigen vergibt auch nicht der Täufer selbst durch seine Taufhandlung und in derselben die Sünden, sondern das kann nach atl.-jüdischer Vorstellung nur Jahwe allein. Taufe und Umkehr sind gewissermaßen die Voraussetzung. M. a. W.: Der einzelne hat die *Möglichkeit* einer vom Gericht verschonten Zukunft.

Johannes sieht das bevorstehende Gericht in unmittelbarer Nähe. Das ist mit dem Bild, die Axt sei schon an die Bäume gelegt (vgl. Mt 3,10/Lk 3,9), gemeint. Der Kommende, der mit Feuer und "Geist" taufen wird, ist derjenige (wahrscheinlich Jahwe selbst), der das Gericht vollzieht. "Feuertaufe" und "Geisttaufe" sind also Gerichtsaussagen. Mit der Taufe wird nun dieses Gericht nicht zeichenhaft vorweggenommen, sondern sie bewahrt nur im Zusammenhang mit der Umkehr vor dem schrecklichen Ende. Wenn man also beim Täufer eine positive Zukunftsperspektive sucht, dann ist es der *Aspekt der*

Bewahrung. Damit reiht sich der Täufer unverkennbar in die Tradition der atl. Gerichtsprophetie ein.

Das heißt nicht, daß er den Aspekt der Zukunft ansonsten ausgegrenzt hätte, doch ist sein Geschichtsbild von der Einsicht geprägt, daß Vergangenheit und Gegenwart keine tragfähige Basis für die Zukunft mehr bilden können. Für ihn gibt es also keine Kontinuität mehr im Weltenlauf über den Tag hinaus von der Vergangenheit in die Zukunft, sondern die Antwort auf die Geschichte, die sich in der Erfahrung der Jahwetreuen als hoffnungslos gestört erweist, kann nur das göttliche Gericht sein. Zukunft ist nicht mehr vom Menschen und seinem Umgang mit der Geschichte her gestaltbar, sondern sie liegt allein in der Hand Gottes, die das ganz Neue bewirkt. Der Täufer unterscheidet sich insofern auch ganz wesentlich von jenen konservativen Gruppierungen des zeitgenössischen Judentums in Palästina, die vor allem die Tradition bewahren bzw. wiederherstellen wollen und von einem Rückgriff auf das scheinbar bewährte Vergangene die Zukunftsperspektive für Israel erhoffen. Der Täufer sieht Mensch und Geschichte ohne Ausnahme dem Gericht Jahwes unmittelbar ausgesetzt.

Man kann davon ausgehen, daß Johannes mit seiner Botschaft großen Anklang gefunden hat. Offensichtlich war das Erneuerungspotential in Israel doch beträchtlich. Sicher darf man die Wirkung, die er erzielte, nicht auf einen nostalgischen Hang zum "einfachen Leben" zurückführen und den vermeintlich asketischen Prediger sachfremd zur Symbolfigur eines "alternativen Lebens" hochstilisieren. Denn damit würde man seine Predigt letztlich ihrer Ernsthaftigkeit berauben. Abgesehen davon, daß die Schilderung der Evangelien (Mk 1,6: "Johannes trug ein Gewand aus Kamelhaaren und einen ledernen Gürtel um seine Hüften, und er lebte von Heuschrecken und wildem Honig") nicht zwangsläufig auf einen radikalen Asketen schließen läßt, sondern auch einfach den Wüstenbewohner charakterisieren kann, geht es dem Propheten Johannes um mehr: es geht um das Gottesverhältnis seines Volkes und die Frage, wie der Mensch seiner Zeit trotz der verwirkten, aber vor langer Zeit einmal von Gott gewährten Möglichkeiten und den daraus folgenden gerichtlichen Konsequenzen der drohenden Katastrophe entgehen und zu Jahwe ein neues, lebensfähiges Verhältnis gewinnen könne. Der Täufer stieß durchgängig auf die vor allem in der hellenistischen und römischen Besatzungszeit in breiten Kreisen als bedrückend empfundene Erfahrung der Gottesferne, die die Frage nach dem wirkmächtigen

Handeln Jahwes veranlaßte. Der Prophet ging darauf nicht beschwichtigend ein, sondern provozierend: Gott sei Welt und Geschöpf nicht fern, sondern nahe, aber *bedrohlich* nahe, seine Nähe werde jeder Gesetzlose zu spüren bekommen, sein gerichtliches Handeln stehe unmittelbar bevor. Die Ernsthaftigkeit dieser prophetischen Botschaft und die hinter ihr stehende Person scheinen ihr Ziel nicht verfehlt, sondern zu einer in weiten Teilen der Öffentlichkeit beachteten Bußbewegung geführt zu haben. Der Täufer gewinnt eine große Anhängerschaft. Das ist eine völlig offene Anhängerschaft und nicht zu vergleichen mit anderen zeitgleich sich bildenden geschlossenen Gruppierungen, teilweise esoterischen Bewegungen, wie wir sie etwa bei den Qumran-Essenern vorfinden, um nur ein Beispiel zu nennen. Es ist eine Bewegung von vielen, ein offener Kreis ohne feste Strukturen, ein Kreis umkehrwilliger Glaubender, zu dem jeder stoßen kann.

2. Jesu Beziehung zu Johannes

Zu den als gesichert anzusehenden Vorgängen im Leben Jesu zählt die kritische Evangelienforschung die Taufe durch Johannes. Hier greift die Beobachtung, daß der Gang Jesu zur Bußtaufe faktisch eine Unterordnung unter den Täufer bedeutet. Das aber steht den urchristlichen Interessen entgegen, die in ihren christologischen Deutungen Jesus dem Johannes überordnen wollen. Dennoch hat sich die Notiz von der Unterordnung Jesu erhalten und konnte nur dadurch geglättet werden, daß dem Johannesnachfolger aus Nazaret bei der Taufe die Gottessohnschaft zugesprochen wurde (vgl. Mk 1,11; Mt 3,17; Lk 3,22).

Wenn Jesus und Johannes also kaum bezweifelbar am Jordan einander begegnet sind, ist nach ihrer Beziehung zueinander zu fragen. Die Evangelien erwähnen Jünger des Johannes (vgl. Mk 2,18; Mt 9,14; Lk 5,33; vgl. auch Joh 3,25 u. ö.), viel häufiger natürlich den Jüngerkreis Jesu. Wir dürfen also von der Existenz eines Täuferkreises ausgehen. Die Evangelien lassen auch noch ein gewisses Konkurrenzverhältnis zwischen den beiden Kreisen erkennen:

> Da die Jünger des Johannes und die Pharisäer zu fasten pflegten, kamen Leute zu Jesus und sagten: Warum fasten deine Jünger nicht, während die Jünger des Johannes und die Jünger der Pharisäer fasten? (Mk 2,18).

Auf ein konkurrierendes Nebeneinander lassen auch die Täuferanfrage (Mt 11,2-6/Lk 7,18-23) und das Wort Jesu über den Täufer (Mt 11,11/Lk 7,28) schließen. Dieses muß zwischen den beiden Zentralgestalten selbst zumindest nicht in gleicher Weise existiert haben wie zwischen den jeweiligen Anhängern.

Die Verbindung zwischen Johannes und Jesus sowie ihren Anhängerkreisen läßt sich am ehesten so erklären, daß Jesus selbst vor seiner eigenen öffentlichen Tätigkeit zum Kreis des Täufers gehört hat. Grundsätzlich besteht natürlich die Möglichkeit, daß er selbst ganz unabhängig vom Täufer als prophetischer Charismatiker aufgetreten wäre, aber dann ist doch erklärungsbedürftig, daß er auf dessen Wirken Bezug genommen und sich der Reihe der Taufwilligen angeschlossen hat. Zudem muß man sich die Umstände des Auftretens Jesu vergegenwärtigen: Jesus als Wanderprediger in Galiläa soll in seiner vom Propheten Johannes unabhängigen Predigt auf ihn, der an einem festen Ort am Jordan wirkte, verwiesen haben, ja sich selbst als Erfüller der täuferischen Sendung verstanden haben? Viel wahrscheinlicher ist die Annahme, daß Jesus zum Kreis der von Johannes und seiner Botschaft herausgeforderten Juden gehörte, die sich dessen Taufe unterzogen und damit ein wirkungsvolles Zeichen setzten. Genauso wahrscheinlich ist aber auch, daß Jesus bei aller Wertschätzung seines "Lehrers", vor allem angesichts des doch weitreichenden Konsens mit dessen Gottes- und Menschenbild, eigene Wege ging.

a) Hat Jesus getauft?

Bleiben wir noch bei der Taufe: Hat Jesus selbst getauft? - Die Frage, ob Jesus selbst so gewirkt hat oder wenigstens seine Jünger auf Weisung ihres Meisters die Taufe im johanneischen Sinne übernommen haben, ist nicht ganz nebensächlich für eine Verhältnisbestimmung beider Gestalten, verhilft aber auch zu einer Präzisierung des Selbstverständnisses Jesu. Leider gibt die Quellenlage einige Rätsel auf: Entgegen der Überlieferung der ersten drei Evangelien spricht das Joh-Evangelium von einer Tauftätigkeit Jesu:

> Danach kamen Jesus und seine Jünger ins judäische Gebiet, dort weilte er mit ihnen und taufte. ... Und sie [die Jünger des Johannes] kamen zu Johannes und sagten zu ihm: Rabbi, der auf der anderen Seite des Jordan mit dir war, für den du Zeugnis abgelegt hast, siehe, dieser tauft, und alle kommen zu ihm (Joh 3,22.26).

Allerdings wird diese Aussage bald relativiert:

> Als nun Jesus erfuhr, daß die Pharisäer hörten, daß Jesus mehr Jünger gewann und taufte als Johannes - allerdings taufte nicht Jesus selbst, sondern seine Jünger -, verließ er Judäa und kam wiederum nach Galiläa (4,1f).

Die Frage einer möglichen Taufpraxis Jesu ist historisch schwer zu entscheiden, es kommt hier sicher auf Gewichtungen an. Aber auch die müssen sich vernünftig begründen lassen. Gehen wir also von dem für die Historizitätsfrage wichtigen Kriterium der Gegenläufigkeit zu den leitenden Interessen der christologisch begründeten Überordnung Jesu über den Täufer aus. Dieses Kriterium macht die Historizität der Taufe Jesu durch Johannes bekanntlich mehr als wahrscheinlich. Wenden wir das Kriterium auf die Möglichkeit einer Taufpraxis Jesu an: Selbst wenn Jesus unabhängig vom Täufer getauft hätte (was schwerlich annehmbar ist), hätte der Überlieferung am Eindruck der qualitativen und quantitativen Parallelität nicht gelegen sein können. Daß Joh 3,22.26 dennoch davon spricht, könnte also ein Indiz für eine historische Erinnerung sein.

Wenn Jesus aber getauft haben sollte, wäre allerdings auch die Frage zu stellen, welchem Ziel seine Taufe gedient haben könnte. Identisch mit dem vom Täufer verfolgten Ziel könnte er sie kaum verstanden haben, weil seine Botschaft sich zweifellos vom Täufer erheblich unterscheidet. Anders als beim Täufer ist eine mögliche Taufpraxis Jesu für seine Sache jedenfalls grundsätzlich verzichtbar. Das belegt zumindest die synoptische Überlieferung, die eine Taufpraxis Jesu überhaupt nicht kennt. Das gilt auch für den johanneischen Jesus, der wie der Jesus der ersten drei Evangelien der galiläische *Wanderprediger*, nicht aber der Wüstenprediger mit ortsgebundener Praxis ist. Logischerweise schweigt dann auch in der Frage des "Wozu" der Tauftätigkeit Jesu die Joh-Überlieferung. Gerade bei Johannes stehen also Taufe und Wirken Jesu unverbunden nebeneinander, nicht aber als Einheit zusammen. Man müßte sogar unter der genannten Voraussetzung einer jesuanischen Taufpraxis annehmen, Jesus hätte seine Tauftätigkeit irgendwann abgebrochen, damit aber auch mit dem Täufer gebrochen. Aber eine solche Reaktion Jesu ist aus den uns zur Verfügung stehenden Quellen nicht belegbar, so sehr Jesus sich in der Ausrichtung seiner Botschaft auch vom Täufer unterschied. Immerhin rechtfertigt sich Jesus in einem

Streitgespräch mit den Pharisäern, die seinen Anspruch angreifen, mit der Gegenfrage, ob denn die Taufe des Johannes vom Himmel oder vom Menschen sei (Mk 11,30), womit er deutlich durchblicken läßt, daß er den Täufer als von Gott autorisiert ansieht. An anderer Stelle weist er darauf hin, unter den von Frauen Geborenen sei kein Größerer als Johannes (Mt 11,11).

Bei Johannes sehen wir, daß sein Taufhandeln integraler Bestandteil seiner Verkündigung und seines Wirkens ist. Wenn man annehmen wollte, auch Jesus habe getauft, müßte dieser Bezug zwischen Taufe und inhaltlicher Botschaft ebenso erkennbar und dementsprechend auch konkret festzumachen sein. Das aber ist aus besagten Gründen eben nicht der Fall. Der johanneische Täufer hat seine Funktion vor allem *als Zeuge* des Gottessohnes und Messias Jesus, der dazu noch mit *Heiligem Geist tauft*.

> Und Johannes bezeugte: Ich sah, daß der Geist wie eine Taube vom Himmel kam und auf ihm blieb. Auch ich kannte ihn nicht, sondern der mich gesandt hat, zu taufen im Wasser, sagte mir: Auf wen du den Geist herabkommen siehst und wenn er auf ihm bleibt, dieser ist es, der mit Heiligem Geist tauft (1,32-34).

Das Zeugnis für Jesus als Träger des Geistes ist also für den vierten Evangelisten ein wichtiger Akzent der Botschaft des Täufers, nicht aber eine eigenständige Gerichtspredigt, wie sie in den ersten drei Evangelien weitgehend das Täuferbild prägt. Im Kontext seiner Geist-Theologie könnte es also für das Evangelium Sinn machen, Jesus als Täufer zu deklarieren.

Ein anderer Gesichtspunkt ist ergänzend zu bedenken: Für den Johannes-Evangelisten stehen die Jünger Jesu und die des Täufers deutlich in Konkurrenz zueinander. Die Gemeinde, die hinter dem Joh-Evangelium steht, muß daran interessiert sein, Jesus über den Täufer, die eigene Gruppe über die konkurrierende zu stellen. Von daher ist die oben zitierte Bemerkung Joh 3,26 zu verstehen, derzufolge die Johannesjünger zu ihrem Meister gehen und sich ihm gegenüber verwundert darüber äußern, daß alles Volk zu *Jesus* zur Taufe laufe. Die Szene hat ihre Spitze nicht in einer Beschreibung des Hergangs als solchem, sondern ist funktional zu verstehen. Mit Hilfe der Taufe durch die Jesusjünger und ihres erzielten Zuspruchs kann die Überordnung Jesu aufgewiesen werden.

Ziehen wir ein Fazit: Überschaut man die Überlieferungslage und wägt man die hinter den spannungsvollen Aussagen stehenden Interessen einander ab, spricht *alles* dafür, daß Jesus selbst *nicht getauft* hat. Zumindest ist festzuhalten, daß er, sollte er zu einem Zeitpunkt selbst getauft haben, dies nicht zum integrativen Moment seiner Botschaft gemacht hat. Wenn aber einerseits eine Verbindung zwischen möglicher Tauftätigkeit und Wirken Jesu nicht hergestellt werden kann, andererseits aber die Interessen einer vorausgesetzten Tauftätigkeit des Jesuskreises durch das Joh-Evangelium gezeigt werden können, spricht alle Wahrscheinlichkeit für das Fehlen einer Taufpraxis Jesu.

Wenn Jesus sich also vom Täufer hat taufen lassen, diese Taufe aber für seine Verkündigung *nicht* übernommen hat, ist das ein wichtiges Signal für eine andere inhaltliche Akzentuierung seines Auftretens.

b) Johannes und Jesus - Gemeinsamkeiten und Unterschiede

Wie lassen sich Jesus und Johannes dann einander zuordnen? Vereinfachungen, die für das Bild der beiden Gestalten vielfach bestimmend geworden sind, müssen schon deshalb vermieden werden, weil sie meist zu Lasten des Täufers gehen und auch für die Jesusbotschaft so gut wie nichts gewonnen wird. Entgegen verbreiteter Vorstellung ist Johannes nicht *nur* der Gerichtsprediger und Jesus nicht *nur* der Heilsprediger. Das ist die eine zu korrigierende Schablone. Ein zweiter Aspekt betrifft die Beziehung beider Gestalten in ihrem Selbstverständnis. Dieses ist nämlich dadurch oft eingeengt, daß der nach Johannes Kommende (Mk 1,7 parr) vorschnell mit Jesus identifiziert wird, auf den also der Täufer verwiesen habe. Die Darstellungen der Evangelien fördern diese Zuordnung, die aber kaum mit dem historischen Sachverhalt identisch ist.

Es sei also zunächst eine Verhältnisbestimmung ihrer Botschaft versucht: Man kann die Gemeinsamkeiten zwischen Johannes und Jesus betonen, ohne beiden Gestalten ihr eigenes Profil zu nehmen. Gemeinsam ist Johannes und Jesus grundsätzlich der theozentrische Ansatz ihrer Botschaft, d. h. Welt, Geschichte und Mensch radikal von *Gott* her zu sehen und auf den Prüfstand zu stellen. Zwei für die Täuferbotschaft wichtige Grundaussagen seien hier genannt:

Johannes verbindet seine Taufe mit der Option der Vergebung der Sünden bei gleichzeitiger Umkehr des Täuflings (vgl. Mk 1,4f). Seine strenge Konzentration auf die Verkündigung von *Gott* kommt darin zum Ausdruck, daß nicht er selbst die Sünden vergibt (was dann logischerweise seine heilswirksame Konsequenz für die Gegenwart hätte), sondern seine Mittlerfunktion einzig auf das *Handeln Gottes im Endgericht* bezieht (Taufe *zur endzeitlichen Vergebung* der Sünden). Die Taufe soll bei gleichzeitiger radikaler Änderung des Lebenswandels die Nichtanrechnung der das Gericht provozierenden Sünden herbeiführen, der Täufer selbst aber vergibt keine Sünden. Auch Josephus bestätigt das ausdrücklich, wenn er im Bericht vom Täufer sagt, dieser habe verkündigt, bei gerechtem Leben werde die Taufe Gott angenehm sein, "weil sie [die Täuflinge] dieselbe nur zur Heiligung des Leibes, nicht aber zur Sühne für ihre Sünden anwendeten" (Jüd. Altertümer 18,5,2).

Ein zweiter Hinweis bestätigt diese Linie: Johannes spricht Mt 3,11f/Lk 3,16f (vgl. Mk 1,8f) von dem, der nach ihm kommt, aber stärker ist als er. Der historische Täufer meint mit dem Stärkeren wohl nicht Jesus, sondern Gott selber. Gott ist es, der in allernächster Zukunft kommt und das für die Sünder vernichtende Endgericht vollzieht.

Trotz grundlegender Unterschiede im Gottesbild des Täufers und Jesu rücken beide Gestalten *Gott* ins Zentrum ihrer Predigt, setzen sich aber nicht selbst an seine Stelle. Auch Jesus geht es um den Aufweis der Krise des Menschen angesichts der Nähe Gottes; auch Jesus geht es um die Hoheit Gottes, sein Recht auf Schöpfung und Mensch, um Gott als den Herrn der jetzigen und künftigen Geschichte. Das wird bei Jesus da besonders deutlich, wo er seine Zeichenhandlungen setzt: Wo er mit dem Finger Gottes die Dämonen austreibt (Lk 11,20), d. h. dem seiner selbst beraubten Menschen seine Freiheit zurückgibt, da hat sich die Herrschaft *Gottes* durchgesetzt. Das ist die bestimmende Grundaussage Jesu: *Gott* begnadet die Armen und Demütigen. Diesen Ansatz seines religiösen Denkens hält Jesus bis in die letzte Phase seines Lebens durch, wenn er trotz seiner zu erwartenden Hinrichtung an der Gewißheit festhält, daß Gott ihn ins Recht setzen wird (Mk 14,25).

Gemeinsam ist Jesus mit Johannes auch die Verhältnisbestimmung von Vergangenheit und Zukunft. Jesus ist wie der Täufer davon überzeugt, daß sich aus der Erwählungsgeschichte Israels keine positiven Perspektiven für die Zukunft ableiten lassen. Jesus sieht wie Johannes keine Möglichkeit mehr, allein mit der Tradition und der Rückbesinnung auf ihre Fundamente ein tragfähiges Gottesverhältnis zu sichern. Die religiösen "Rahmenbedingungen" im real existierenden Israel halten beide für nicht mehr zukunftsfähig. Des Täufers

Wort an seine Adressaten: "Sagt nicht bei euch, als Vater haben wir ja Abraham" (Mt 3,9) teilt auch Jesus. So wenig wie für den Täufer gibt es für ihn eine kontinuierliche heilsgeschichtliche Linie, sondern nur die radikale Öffnung für eine Zukunft, deren Herr allein Gott ist und in der der Mensch sich auf Vergangenes in keiner Weise berufen kann.

Freilich sieht Jesus anders als der Täufer hierin die große Chance für den Neubeginn: Wo der Mensch keine Privilegien aus der Vergangenheit, aber aus ihr auch keine Belastungen mehr hat, hat er eine ganz neue Freiheit gewonnen. Dieses betrifft alle Lebensbereiche und bedeutet nicht nur, daß Vergangenheit und Gegenwart sich im wahrsten Sinne des Wortes "totgelaufen" haben, sondern daß dieses Ende auch mit ganz neuen Chancen verbunden ist. Wo das Alte am Ende ist, kann Neues entstehen. Aber dazu muß mit der bisherigen Geschichte, nicht zuletzt auch mit Habe und Besitz, gebrochen werden, und es *kann* damit auch gebrochen werden. Das sagt z. B. sehr eindrucksvoll die Geschichte vom "reichen Jüngling" (Mk 10,17-31).

Johannes wie Jesus sehen Welt und Geschichte in der Krise und aus sich selbst heraus rettungslos. Hier liegt die geistige Nähe beider prophetischer Gestalten. Alle Wahrscheinlichkeit spricht dafür, daß der Täufer der Primärzeuge dieses Urteils ist und Jesus es prinzipiell geteilt hat, bevor er dann aus dem Schatten des Wüstenpredigers heraustrat und Neues in Angriff nahm. Dem soll nun die Aufmerksamkeit gelten.

Es sei noch einmal in Erinnerung gerufen, daß Jesus die Taufpraxis des Täufers nicht übernommen, damit aber auch einen Grundbestandteil von dessen Wirken aufgegeben hat. Läßt sich das von seiner Botschaft her verständlich machen? Gewiß darf man hier nicht unnötig polarisieren. Vor allem dürfen auch die Gemeinsamkeiten zwischen Jesus und Täufer nicht zurückgenommen werden. Dennoch ließ sich schon oben ein Anhaltspunkt dafür gewinnen, daß Jesus anders als der Täufer ein positives Verhältnis zur Gegenwart gewinnt - und das hängt mit dem Verständnis seines prophetischen Auftrags zusammen. Symptomatisch ist sicher ein Jesus-Wort, das die frühesten Schichten der Evangelientradition überliefern (Lk 7,33f): "Johannes der Täufer ist gekommen, er aß kein Brot und trank keinen Wein, und ihr sagt: Er hat einen Dämon. Der Menschensohn ist gekommen, er ißt und trinkt, und ihr sagt: Siehe, der Mensch, ein Fresser und Säufer, ein Freund der Zöllner und Sünder." Oder an anderer Stelle, historisch aber ebenso zuverlässig: "Können denn die

Hochzeitsgäste fasten, solange der Bräutigam bei ihnen ist? Solange der Bräutigam bei ihnen ist, können sie nicht fasten" (Mk 2,18).

Das ist gewiß ein anderer Tonfall als beim Täufer. Das Bild des Johannes ist im Bewußtsein des Volkes das eines besitzlosen, asketisch-kargen Wüstenpredigers, dessen Verkündigung sich gerade aus dieser Praxis heraus legitimiert und ihre Konturen gewinnt. Daß Jesus sich viel lebenszugewandter und damit von einer anderen Seite zeigt, läßt doch darauf schließen, daß der Nazarener über ein Programm des Rückzugs des Umkehrwilligen aus dem "Angebot der Welt", wie es der Täufer vertreten hat, hinausgeht. Sicher, er predigt auch Armut und Widerspruch gegen alle Selbstgefälligkeit des Menschen. Aber anders als für Johannes ist für ihn in der konkreten und zweifellos widersprüchlichen Geschichte die *heilvolle* Gegenwart Gottes auch und schon *jetzt* wahrnehmbar und Motivation für ein positives Verhältnis des Glaubenden zur Welt.

Der Täufer setzt sich nicht mit den finsteren Strukturen und der Gewalt des Unheils in der Welt offensiv auseinander, er greift sie nicht an, sondern sucht den Frommen vor den tödlichen Konsequenzen zu bewahren. Diese Auseinandersetzung aber hat Jesus gerade programmatisch betrieben. Natürlich sieht er die Krise der Welt, die Übermacht des Zerstörerischen, das den Menschen seiner selbst entfremdet und ihn damit gerade des charakteristisch Menschlichen beraubt. Wenn Jesus sich in seiner Lebenswelt programmatisch als Bekämpfer des Dämonischen betätigt, dann setzt er sich kritisch mit den "Realitäten" auseinander und ist nicht bereit, sie dadurch faktisch hinzunehmen, daß er sich nicht auf sie einläßt. Diesen Weg beschreitet er deshalb, weil er die Nähe Gottes zur Welt nicht primär als bedrohlich für den Adressatenkreis seiner Predigt versteht und nicht zuallererst mit dem Gericht verbindet. Wenn Gott der Welt nahe ist, so Jesus, dann wird auch das, was ihn als Gott, d. h. aber als *rettenden* Gott ausmacht, Oberhand gewinnen und sich durchsetzen. Von dieser Grundeinsicht her ist es nur konsequent, wenn Jesus in seiner Verkündigung später bei der Botschaft von der Gottesherrschaft einsetzt. Verborgen, aber doch wahrnehmbar, ist das schöpferische Handeln Gottes schon gegenwärtig. Deshalb beläßt es Jesus nicht bei einem Rückzug in die Wüste und einem Ritual zur Bewahrung vor dem kommenden Gericht, sondern versucht, seine Adressaten zum Glauben an jenen Gott, der an seinen Geschöpfen liebend festhält, zu drängen. Ihm darf sich der Mensch nicht entziehen, will er eine Lebens-Zukunft haben. Weil Jesus diese Überzeugung von Gott hat,

kämpft er gegen die sog. "Realitäten" und deren Anerkennung an. Von Johannes unterscheidet Jesus wohl, daß er nicht eine "heile Welt" (in Gestalt der Umkehrwilligen) der real-existierenden "unheilen Welt" entgegensetzt, sondern sich dem Gegenwind der tödlichen Prozesse der vorfindlichen Menschenwelt aussetzt und das Bestehende grundsätzlich als überwindungsnotwendig aber auch überwindungsfähig erachtet.
Symptomatisch ist dann auch, daß Jesus in die Welt Galiläas, aus der er zum Täufer ausgezogen ist, unter neuem Vorzeichen mit seinem prophetischen Vorhaben zurückkehrt, den Weg in seinen familiären Kreis nach Nazaret aber nicht zurückgeht, sondern eine neue Lebensrichtung sieht.

3. Vom Täuferanhänger zur eigenen Wirksamkeit

Das gegenüber dem Täufer unterschiedliche Gottesbild und das daraus resultierende anders gelagerte Verhältnis zu seiner Mitwelt führt Jesus aus der Gefolgschaft des Täufers hinaus. Das bedeutet nicht, daß er die Einschätzung des Täufers als eines von Gott legitimierten Verkündigers grundsätzlich aufgegeben hätte. Dennoch hat Jesus sich sicher zu einem bestimmten Zeitpunkt vom großen judäischen Propheten getrennt, um sein eigenes Wirken in Angriff zu nehmen. Das historisch festzumachen, ist exakt kaum möglich. Im Mk-Evangelium heißt es kurz und knapp: "Nachdem man Johannes ins Gefängnis geworfen hatte, ging Jesus wieder nach Galiläa und verkündigte das Evangelium Gottes" (Mk 1,14). Hier hat es den Anschein, als habe Jesus sein öffentliches Auftreten erst *nach* der Hinrichtung des Johannes begonnen. Aber es ist doch nicht zu übersehen, daß die Evangelien auch hier im Sinne des Erfüllungsgedankens an einem Nacheinander von Täuferwirken und Jesuswirken interessiert sind; deshalb ist es durchaus möglich, wenn nicht wahrscheinlich, daß es eine wenigstens zeitweise parallele öffentliche Wirksamkeit beider Gestalten gab. Wir können dann davon ausgehen, daß Jesus in der Begegnung mit dem Täufer selbst oder seinem Jüngerkreis zu der Überzeugung kam, nicht Johannes mit seiner eindringlichen Botschaft vom Gericht Gottes sei der letzte Gottesbote, sondern er selber. Dieser Einsicht entspricht es voll und ganz, daß Jesus sich nach der Trennung vom Täufer und seinem Kreis nicht einer neuen Bezugsgruppe anschloß. Die Möglichkeit dazu hätte es fraglos gegeben, ist doch die Bewegung des Johannes keineswegs die einzige um die Zeitenwende im palästinisch-galiläischen Lebensraum. Mit der Entscheidung zum *eigenen* Auftreten nimmt der Lebensprozeß Jesu eine entscheidende Wende.

Die von Jesus vollzogene Trennung vom Täuferumfeld ist nicht die erste in seinem Leben. Denn der Gang zum Täufer selbst setzt schon eine entsprechende Trennung voraus, nämlich die von seiner Familie in Nazaret. Leider wissen wir über die Zeit Jesu im familiären Lebenszusammenhang in Nazaret so gut wie nichts. Selbst die beiden Evangelien, die sich über Geburt und Kindheit äußern (Mt und Lk), schweigen über sein Aufwachsen in Nazaret, sieht man einmal von der Lk-Erzählung vom Zwölfjährigen im Tempel ab (Lk 2,41-52); aber selbst wenn die Geschichte eine historische Erinnerung wiedergeben sollte, sagt sie eben nichts über den *Nazarener,* über das Aufwachsen Jesu in *Nazaret* aus.

Sicher kann man die Möglichkeit nicht ausschließen, daß Jesus den kleinen Ort Nazaret zwischenzeitlich verlassen hat, da ein Ort mit 100 bis 200 Einwohnern einer Handwerkersfamilie kaum hinreichend Arbeit zur eigenen Existenz gab und mobile Wanderhandwerker in Palästina keine Seltenheit waren. Aus dieser Möglichkeit kann man gleichwohl nicht folgern, Jesus habe schon zu dieser Zeit in den benachbarten Ortschaften von Nazaret, eventuell sogar in der ganz in der Nähe liegenden Verwaltungshauptstadt Sepphoris *gewirkt.* Das läßt sich schwerlich hinreichend belegen.

Wenn man also diesbezüglich zurückhaltend sein und davon ausgehen muß, daß die Welt Nazarets in erster Linie die Welt Jesu war, so ist doch anzunehmen, daß er mit der religiösen und sozialen Situation des Judentums im Palästina seiner Zeit durchaus vertraut war. Das belegen eindeutig die Gleichniserzählungen und die in ihnen erkennbare Kenntnis der Vielfalt der zeitgenössischen Lebenswelt. Das mag auf persönliche Begegnungen und Erfahrungen in der nazarenischen Zeit Jesu zurückgehen, aber viel wissen wir darüber nicht.

Ungeachtet dessen ist die Trennung Jesu von seiner Familie der erste Versuch einer Hinwendung zu einer neuen Lebensperspektive. Das bedeutet doch wohl, daß Jesus in seinem Familienzusammenhang und in seiner nazarenischen Welt so defizitäre Erfahrungen gemacht hat, daß er zu der Einsicht kam, den Schritt über die Grenzen Nazarets hinaus in die sich ausbreitende Erneuerungsbewegung am Jordan tun zu müssen. Dieser Schritt ist seiner Familie zumindest völlig unverständlich geblieben. Das hat Mk noch festgehalten (Mk 3,21):

> Als seine Angehörigen davon hörten, machten sie sich auf den Weg, um ihn mit Gewalt zurückzuholen, denn sie sagten: "Er ist von Sinnen."

Kommen wir zur Trennung Jesu vom Täuferkreis und der Aufnahme seiner eigenen Tätigkeit zurück. Dies ist im Prozeß des Lebens Jesu dann also die zweite und entscheidende Trennung. Diese zweite Neuorientierung und Überschreitung des bisherigen Lebenszusammenhangs macht es plausibel, daß Jesus nun selbst die Rolle einer charismatischen Führungsfigur einnimmt, ja angesichts der hohen Bedeutung der Täuferfigur einfach einnehmen mußte. Wenn Jesus sich vom Täufer trennte, dann konnte er letztlich nicht als "Parallelfigur" zu ihm agieren, sondern mußte über dessen prophetischen Anspruch hinausgehen.

4. Ein Berufungserlebnis Jesu?

Mit welcher Begründung aber konnte Jesus über den Täufer hinausgehen? Oder anders gefragt: Gibt es einen historisch-biographischen Anhaltspunkt für das Heraustreten Jesu aus dem Täuferkreis, einen konkretisierbaren Anhaltspunkt für die Eigenständigkeit und Neuorientierung seiner Verkündigung?

Dazu bieten sich zunächst die Erzählungen von der Taufe Jesu an (Mk 1,9-11 parr). Es ist denn auch kein Zufall, daß die Taufperikope Mk 1,9-11 verschiedentlich zum Haftpunkt für das selbständige Auftreten Jesu gemacht wird. Für die ältere katholische Forschung ergab sich bei der Heranziehung von Mk 1,9-11 für das Selbstverständnis Jesu nur die Schwierigkeit, daß Jesus dann erst bei der Taufe die Sendungs- und Bevollmächtigungserfahrung zur Gottessohnschaft gemacht hätte. Diese dogmatisch besetzte Frage können wir allerdings getrost auf sich beruhen lassen.

Zurück zur eigentlichen Frage: Muß es nicht ein aufweisbares Erlebnis Jesu gegeben haben, das ihn zu seinem Auftrag kommen ließ? Wenn der, der den Täufer ja durchaus anerkannte, sich von diesem absetzte, ist die Frage nach dem Auslöser für diesen Schritt nur zu berechtigt. Was liegt da näher, als an die Taufe Jesu zu denken? Hier kann Jesus vielleicht seine Berufung erfahren haben, hier kann er sich seiner Sendung bewußt geworden sein. Man hat sogar vermutet, hier habe Jesus im Anschluß an den Gottesknecht aus Jes 42 und 52f seine gefährdete, letztlich zum gewaltsamen Tod führende Sendung erfahren.

Abgesehen davon, daß diese Annahme mit ganz erheblichen Schwierigkeiten bezüglich seiner Heils*verkündigung* belastet ist, hätte doch ein Berufungserlebnis bei der Taufe eindeutig schon hier zur Trennung vom Täufer führen müssen. Dafür haben wir keine überzeugenden Hinweise. Viel wahrscheinlicher ist eben, daß Jesus nach seiner Taufe eine gewisse Zeit zum Kreis des Täufers gehörte. Schließlich muß auch auffallen, daß sich Jesus, wenn er sich während seines öffentlichen Auftretens mit seiner Botschaft von Gott der Kritik seiner religiösen Gegner ausgesetzt sah, nie mit einer "Berufungslegitimation", schon gar nicht mit einer ihm bei der Taufe zuteilgewordenen, rechtfertigt. Bezeichnenderweise ist denn auch Mk 1,9-11 eine Erzählung *über* Jesus, nicht aber ein Wort Jesu über sich selbst. Das berechtigt natürlich nicht dazu, an der Historizität der Taufe Jesu zu zweifeln. Aber der Hergang der selbst bei den ersten drei Evangelisten nicht deckungsgleichen Erzählung von Jesu Taufe ist so mit christologischen Interessen überformt, daß hier kein Auslöser für Jesu Sendung historisch festzumachen ist. Jesus hat so gut wie sicher zumindest nicht im Taufvorgang seine Berufung erfahren.

Wenn wir nach dem Auslöser für Jesu Wirken suchen, d. h. nach einem sein Auftreten und seine Botschaft initiierenden Wort, das den Hintergrund für sein programmatisches Vorhaben abgibt, stoßen wir dann doch auf einen Anhaltspunkt, auf ein zugegebenermaßen sehr kurzes, aber doch aussagekräftiges Wort, das in Lk 10,18 erhalten ist:

> Ich sah den Satan wie einen Blitz vom Himmel fallen.

Es ist neben dem "Offenbarungswort" (Mt 11,25/Lk 10,21), das man aber kaum auf Jesus selbst zurückführen kann, das einzige Wort Jesu aus den synoptischen Evangelien, das eine "Auslösungsfunktion" für Jesu Auftreten haben könnte. Mit dem genannten Wort vom "Satanssturz" Lk 10,18, das das einzige Visionswort der Jesusüberlieferung im eigentlichen Sinne ist, das vor allem in enger Beziehung zu Jesu Gottesreichbotschaft steht und seine Verkündigung von *Gott* prägnant zur Sprache bringt, stehen wir aller Wahrscheinlichkeit nach auf historischem Grund.

Daß die Gottesreichverkündigung Jesu die Entmachtung des Satanischen beansprucht und auch erfahrbar machen will, ist in der Evangelientradition breit bezeugt und gehört zum Kernbestand der Jesusverkündigung. Darüber wird noch näher zu sprechen sein. Für den Anspruch Jesu, schon *gegenwärtig* für die Heilsbotschaft zu stehen, ist das Visionswort deshalb von Interesse, weil es den Sturz des Satans aus den himmlischen Bereichen als ein *reales* Geschehen behauptet, das seine Konsequenzen auch für dessen Entmachtung auf der Erde hat und auf die dortigen Heilsereignisse jetzt schon *vorausweist.*

In den außerbiblischen Texten des zeitgenössischen Judentums ist die Vorstellung vom Himmel als dem Ort der Auseinandersetzung zwischen Gott und dem Satan vielfach belegt. In Qumran finden wir ein instruktives Beispiel aus der Kriegsrolle 1 QM 15,13-15 (Übersetzung von Johann Maier):

> über alles H[eer Belials(?) und Gerich]t über alles Fleisch. Der Gott Israels erhebt seine Hand in seiner Wunder[mach]t [wider alle Geister des Frevels ... Alle] göttlichen [H]elden rüsten sich zum Kamp[f und] die Formation[en der He]iligen [sind bereit für den Tag der Rache].

So oder ähnlich sind die Vorstellungen vom endzeitlichen Kampf in den himmlischen Regionen literarisch greifbar.

Dazu kommt nun, daß die Entmachtung des Satans zur wahrnehmbaren Aufrichtung der Herrschaft Gottes führt. Exemplarisch sei für diesen Zusammenhang die jüdische Schrift "Himmelfahrt des Mose" angeführt (10,1):

> Und dann wird seine Herrschaft über seine ganze Schöpfung erscheinen, und dann wird der Teufel nicht mehr sein, und die Traurigkeit wird mit ihm hinweggenommen sein (Übersetzung Egon Brandenburger).

Die Aufrichtung der Herrschaft Gottes korrespondiert hier mit der Rettung Israels vor den Heiden (10,7f):

> Denn der höchste Gott, der allein ewig ist, wird sich erheben, und er wird offen hervortreten, um die Heiden zu strafen, und alle ihre Götzenbilder wird er vernichten. Dann wirst du glücklich sein, Israel, und du wirst auf die

Nacken und Flügel des Adlers hinaufsteigen, und so werden sie ihr Ende haben.

Gott ist es, der diese Auseinandersetzung bestimmt, sich in ihr siegreich durchsetzt und damit seine Herrschaft auch auf der Erde einläutet. Für Jesus ist die Gewißheit des Sieges *Gottes* der theologische Anhaltspunkt *seiner* Sendung. Mit der zukunftsgerichteten Aussage der Entmachtung des Satanischen und der Rettung Israels vor den Heiden ist der entscheidende Schritt in die Heilsbotschaft für Israel getan. Hier kann Jesus also auf dem Boden jüdischen Glaubenswissens ansetzen. Damit liegen vermutlich für ihn die wesentlichen Kategorien vor, auf die Zukünftigkeit des heilschaffenden Handelns Gottes hinzuweisen, sein eigenes Wirken aber schon als gegenwärtige Wahrnehmbarkeit des göttlichen Heils zu beanspruchen. Darauf wird im Zusammenhang mit der Frage nach der Gottesherrschaft noch zurückzukommen sein.

Aus der Prophetie des AT kennen wir verschiedene Berufungsvisionen und/oder -auditionen, die jeweils am Anfang des prophetischen Auftretens stehen (Jes 6; Jer 1,4-10; Jes 40,6; Ez 1). Ist die Vision vom Satanssturz für den Propheten Jesus dann eine vergleichbare Berufungsvision? Wir können dies nicht mit Bestimmtheit sagen. Vielleicht ist sie nur deshalb literarisch geworden, weil Jesus mit ihr im Zuge seines Wirkens seinen Anspruch zu legitimieren suchte. Unabhängig davon ist aber davon auszugehen, daß Jesus in der Sache hier die Begründung für sein Wirken sah. Wenn er angesichts der Trennung vom Täufer vor der Notwendigkeit stand, in seinem Verständnis über seine Parallelgestalt hinauszugehen, kann nun gesagt werden, daß er insofern über Johannes hinausgehen *konnte*, als er die in der zitierten Stelle aus der "Himmelfahrt des Mose" artikulierte Hoffnung zur Grundlage seiner Sendung machte.

5. Konsequenzen für die Verkündigungskonzeption Jesu

Der Hintergrund der Vision vom Satanssturz läßt deutlich erkennen, daß es in den Glaubens- und Hoffnungsaussagen des Judentums um die Durchsetzung *Gottes* und seiner Herrschaft geht. Hier bewegt sich Jesus also ganz im Lebenskontext seines Volkes. Seine Einbettung in dessen Erwartungshorizont kann deshalb gar nicht genug betont werden. Dennoch wird hier aber auch erkennbar, daß Jesus mit seinem Wirken neue Wege geht. Diese liegen vor allem in seinem Anspruch, daß die im Himmel erfolgreiche Auseinandersetzung Gottes mit den bösen Mächten in seinem eigenen Wirken auch auf Erden zur Heilszeit führt, und das als schon *gegenwärtig* beginnender Prozeß. Mit der Visionserfahrung bringt Jesus sich ja selbst in Beziehung zu jener Offenbarung, hält an der Initiative *Gottes* aber fest und weist den Adressaten seines Spruches gegenüber darauf hin, daß *er* es ist, dem die Offenbarung *zuteil wurde*, daß er sie *empfing*.

Mit dieser Vision sind dann aber wichtige Konsequenzen für die Ausrichtung der Botschaft Jesu verbunden: Wir hatten schon gesehen, daß Jesus und der Täufer in wichtigen Grundfragen übereinstimmten, aber sich ihr Weg aufgrund grundsätzlicher Differenzen im Gottesbild dann doch trennte. Die Notwendigkeit dessen wird nun ein wenig deutlicher. Auch wenn man in Rechnung stellt, daß der Täufer die Zukunft Israels nicht einfach in Abrede stellte, sondern diese durch das Gericht hindurch durchaus sah, betrachtete er die *Gegenwart* wesentlich skeptischer, oder besser umgekehrt: Jesus sah sehr viel mehr Potential in der Geschichte und im Menschen. Das konnte er aber nur, weil die *heilvolle* Zuwendung Gottes zur Schöpfung und seinen Geschöpfen sein Gottesbild bestimmte und er diese Nähe mit seinem Wirken abzubilden suchte. Insofern liegt der innere Zusammenhang zwischen Visionswort und Botschaft so nahe, daß man hier das "Schlüsselerlebnis" Jesu verorten kann.

III. Galiläa und seine Bedeutung für das Wirken Jesu

Menschen werden von der Region, in der sie aufgewachsen sind, wesentlich mitgeprägt. Sie werden dauerhaft beeinflußt von denen, in deren Umkreis sie leben, von deren Mentalität und den kulturellen Gegebenheiten. Ihre Entwicklung orientiert sich ebenso maßgeblich an der Situation des Landes auf den unterschiedlichsten Erfahrungsebenen, an den politischen und kulturgeschichtlichen, vor allem aber auch an den religiösen Gegebenheiten.

Es liegt deshalb sehr nahe, einen Blick auf Jesus, *den Galiläer*, zu werfen. Nicht, daß seine galiläische Biographie sein Wirken hinreichend "erklären" könnte, aber die Gegebenheiten, in denen das Land sich zur Zeit seines Auftretens befand, machen vielleicht doch manches klarer und schärfer in seinen Konturen. Charakteristisch für Jesus und ihn von Johannes unterscheidend ist ja schon die Tatsache, *daß* Jesus, nachdem er sich der Täuferbewegung in der Wüste angeschlossen und sich dann später von ihr wieder getrennt hatte, nicht in der Wüste blieb, sondern in seine Heimat zurückkehrte, um die Menschen in ihrem Lebensalltag aufzusuchen und ihnen zur Wahrnehmung Gottes in ihrer konkreten Lebensrealität zu verhelfen. Stellt sich Jesus also programmatisch in das Leben seiner Zeitgenossen hinein, ist seine Botschaft aufs engste mit dem Land verbunden, aus dem er stammt, ohne einfach darin aufzugehen. Werfen wir also einen Blick auf die Heimat Jesu.

1. Das Land Galiläa

Die Ausdehnung Galiläas stellte sich in den Augen des Josephus etwa folgendermaßen dar (Jüdischer Krieg 3,3,1): Er sieht die westliche Grenze bei Ptolemais und dem der Stadt vorgelagerten Gebiet, die südliche Begrenzung bildet das Gebiet von Skythopolis, dem heutigen Bet-Schean, die östliche Grenze erstreckt sich von Gadara über das Gebiet von Hippos zur Gaulanitis, schließlich findet sich die Nordgrenze auf der Höhe von Tyrus und seinem Umland. Anzunehmen ist dann etwa eine Linie vom Hule-See über Gischala, dann südlich abfallend nach Mero und Bersabe und dann in südwestlicher Richtung über Chabulon nach Geba.

Josephus unterscheidet zwischen Ober- und Untergaliläa: Die nördliche Linie des letztgenannten Untergaliläa erstreckt sich von

Tiberias am See Gennesaret bis nach Chabulon nahe der Grenze zur Ebene von Ptolemais, Obergaliläa schließt sich von da an bis zum tyrischen Grenzgebiet. Untergaliläa ist ein abwechslungsreiches Land mit Erhebungen bis zu 600 m, Ebenen und Tälern, die miteinander verbunden sind. Deshalb ist der Landstrich relativ leicht zugänglich, läßt sich gut besiedeln und durch Straßenverbindungen erschließen, die sich als West-Ost-Verbindung geradezu anbieten.

Dagegen ist Obergaliläa ein zerklüftetes Gebiet mit Bergen und Schluchten, schwer erschließbar und nur durch eine Verkehrsverbindung von Tyrus im Nordwesten über Gischala zum See Gennesaret für den Verkehr erschlossen, wegen seiner Unübersichtlichkeit deshalb für Partisanenaufstände geradezu wie geschaffen.

Josephus beschreibt Galiläa als blühende Landschaft; es sei in seiner ganzen Ausdehnung fruchtbar, werde von seinen Bewohnern bebaut und sei reich an Ansiedlungen, das kleinste Dorf habe mindestens 15000 Einwohner. Das sind riesige Übertreibungen, denn wenn man ernst nimmt, daß (wieder nach Angabe des Josephus) Galiläa mehr als 200 solcher Ortschaften habe, käme man auf eine Einwohnerzahl von mindestens drei Millionen. In Wirklichkeit werden es allenfalls 10% davon gewesen sein, was immer noch eine recht hohe Bevölkerungsdichte bedeutet.

Es ist mit Sicherheit anzunehmen, daß es in Galiläa ein Nebeneinander von Stadt- und Landleben gab. Ein gutes Beispiel bietet dafür Nazaret, der Heimatort Jesu. Es liegt in unmittelbarer Nähe zur bedeutenden Stadt Sepphoris, scheint aber sein eigenes Leben neben der Provinzhauptstadt geführt zu haben.

Das Stadtleben in Galiläa war erheblich von den hellenistischen Ansiedlungen und Einflüssen geprägt. Das hatte zumindest indirekte soziale Auswirkungen auf die jüdische Stadt- und umliegende Landbevölkerung, da die Abhängigkeiten von der städtischen Oberschicht zwangsläufig zu Konfrontationen mit den Unterschichten führten. Die Oberschichten bildeten sich allerdings nicht nur aus hellenistisch-römischen, also den "Heiden", sondern auch aus wohlhabenden Kreisen des Judentums bis hin zur religiös-priesterlichen Führungselite, die sich mit den wirtschaftlichen und sozialen "Realitäten" arrangiert hatte. Daß sich hier also auch innerhalb der jüdischen Gesellschaft Animositäten der Abhängigen gegen die etablierten Führungskreise bildeten, ist nur zu verständlich.

2. Zur Geschichte Galiläas

Die Evangelien, allen voran das Mk-Evangelium, stellen das Jesusgeschehen im Spannungsfeld von Galiläa und Jerusalem dar. Hier liegen die beiden geographischen, aber auch theologischen Schwerpunkte. Jerusalem als Ort der Hinrichtung Jesu ist der Schauplatz der fundamentalen Auseinandersetzungen Jesu mit seinen theologisch gebildeten Kontrahenten, Galiläa die Region der Begegnung Jesu mit den Menschen in ihrer realen Erfahrungswelt, sowohl der religiösen wie auch der profanen - beides läßt sich nicht voneinander trennen. Daß Jerusalem als religiöses Zentrum Israels eine ungleich gewichtigere Rolle im Leben Israels spielt, liegt auf der Hand. Schließlich hatte in atl. Zeit mit der Zerstörung Jerusalems und dem Fall des Südreiches Juda an die Babylonier im Jahre 587 v. Chr. das Selbstverständnis Israels politisch wie theologisch auf dem Prüfstand gestanden, nicht aber so sehr mit dem Fall des Nordreiches an die Assyrer 150 Jahre vorher im Jahre 722 v. Chr. Entsprechend dem unterschiedlichen politischen und religiösen Gewicht haben Galiläa und Judäa/Jerusalem auch eine unterschiedliche Geschichte durchlebt, haben doch die Besatzungsmächte durch die Jahrhunderte von den Persern bis zu den Römern besonders der Sensibilität des Judentums in Jerusalem hinsichtlich seiner Identifikation mit seiner Tradition aus gutem Grund weitgehend Rechnung getragen, von Ausnahmen abgesehen. Im Norden des Landes ist es dagegen in weit höherem Maße zu Assimilierungen gekommen.

Gegenüber der Dominanz der religiösen Institutionen, die das Leben in Jerusalem schon immer beherrschten, war man in Galiläa seit jeher "weit weg" vom Zentrum Israels. Das hat tiefgreifende geschichtliche Gründe bis zur Zeit vor der staatlichen Konsolidierung Israels, als sich die Stämme des Nordens gegen die Einflüsse Kanaans behaupten mußten, sich den es umgebenden gesellschaftlichen und religiösen Gegebenheiten aber doch nicht völlig verschließen konnten. Auch in den folgenden Jahrhunderten ist Galiläa eine Region des oft gewaltsamen religiösen und kulturellen Austausches. 2 Kön 15,29 hat die Eroberung des Nordens durch die Assyrer festgehalten und weiß zu berichten, der König von Assur, Tiglat-Pileser, habe u. a. Gilead, Galiläa und das ganze Land Naftali erobert und die Bevölkerung nach Assur verschleppt. Daran knüpft der Prophet Jesaja die Hoffnung, Jahwe werde "das Gebiet der Heiden" wieder zum Leben bringen:

> Das Volk, das im Dunkel lebt, sieht ein helles Licht; über denen, die im Land der Finsternis wohnen, strahlt ein Licht auf (Jes 9,1).

Vorausgesetzt ist hier die assyrische Eroberung und der mit ihr verbundene Verlust israelitischer Identität.

Von der babylonischen Eroberung des Südens im 6. Jh. v. Chr. ist der Norden, der seinen Status "Israel" politisch wie religiös ja schon durch die erwähnte assyrische Eroberung verloren hatte, dann insofern mitbetroffen, als es zu babylonischen Einwanderungen auch in den Norden kam und die Bevölkerungszusammensetzung noch unübersichtlicher wurde als sie ohnehin schon war. Diese ausgesprochen heterogene völkische und religiöse Struktur setzte sich bis in die hellenistisch-römische Zeit fort. Während des Übergangs vom zweiten zum ersten vorchristlichen Jahrhundert schaffte eine einschneidende Wende eine neue Situation: Der Makkabäer Aristobul I. (104-103 v. Chr.) hatte ausgedehnte Zwangsjudaisierungen veranlaßt. Josephus urteilt deshalb über den Herrscher, er habe seinem Volk viel Gutes getan,

> indem er Ituräa [nördlicher Teil Galiläas] bekriegte, einen großen Teil dieses Landes mit Judäa vereinigte und die Bewohner zwang, falls sie in ihrer Heimat bleiben wollten, die Beschneidung anzunehmen und nach jüdischen Gesetzen zu leben (Jüd. Altertümer 13,11,3).

Nachdem die Makkabäer das jüdische Leben in Galiläa schon zu dieser Zeit nur mit Zwangsmaßnahmen durchzusetzen vermocht hatten, schien das Erreichte beim Herrschaftsantritt Herodes' d. Gr. (37-4 v. Chr.) wieder gefährdet zu sein. Er war im Jahre 40 v. Chr. auf sein eigenes Drängen hin von Antonius und Oktavian in Rom mit der Königswürde bedacht worden, galt aber aufgrund seiner idumäischen Herkunft, einer nur jüdisch assimilierten Region, die sich südlich an Judäa anschloß, keinesfalls als Anwalt jüdischer Kultur. Er mußte sich zur Herrschaftsstabilisierung gewaltsam zunächst in Galiläa, wo die Landbevölkerung der sozialen Unterschicht seinen Rivalen Antigonos unterstützte, dann in Jerusalem und Judäa durchsetzen, bis um 30 v. Chr. außer einigen Gebieten im Nordosten Transjordaniens Palästina weitgehend unter seiner Kontrolle stand. Auch wenn wir dann während des Zeitraumes der Regierungszeit des Herodes aus den Quellen kaum über die Entwicklung Galiläas unterrichtet werden, ist nach den vor allem bei Josephus belegten Widerständen des

Anfangs anzunehmen, daß das Land auch in der Folgezeit nur mit blutiger Gewalt zu beherrschen war.

Nach dem Tod Herodes' d. Gr., der im NT nur im Zusammenhang mit den Kindheitsgeschichten des Mt und Lk Erwähnung findet, wird sein Herrschaftsgebiet entsprechend der Verfügung des Königs und nach Billigung Roms in drei Regionen unter der (allerdings nur mit begrenzten Kompetenzen ausgestatteter) Gewalt der Söhne Antipas, Archelaus und Philippus aufgeteilt. Archelaus bekam Judäa, Idumäa und Samaria, Antipas erhielt Galiläa und Peräa, Philippus wurden die Gebiete Trachonitis, Batanäa und Auranitis im Ostjordanland zugewiesen.

Herodes Antipas, der Tetrarch von Galiläa und Peräa, herrschte von 4 v. Chr. bis 39 n. Chr. Die spärliche Erwähnung Galiläas in den Quellen für den Zeitraum der Zeitenwende läßt vermuten, daß das Land in dieser Periode eine eher untergeordnete Rolle spielte. Zu einer gewissen Aufwertung kommt in der Zeit des Antipas vor allem Untergaliläa durch den Wiederaufbau von Sepphoris und die Neugründung der Stadt Tiberias (nach dem Kaiser Tiberius benannt) unmittelbar am See Gennesaret im Jahre 18 oder 19 n. Chr., das bald Verwaltungszentrum wird und Sepphoris an Bedeutung von da an den Rang abläuft. In die Regierungszeit des Antipas fällt die Hinrichtung Johannes' d. T., dessen Wirkungsstätte jenseits des Jordan noch zum Herrschaftsbereich des Tetrarchen gehörte. Die Beseitigung des Täufers zeigt, wie sensibel die staatliche Macht auf die von ihr als gefährlich eingeschätzten Bewegungen reagierte. Insgesamt aber regierte Antipas sehr viel geschickter als sein Vater Herodes d. Gr.

3. Galiläa, das "Land der Heiden"

Der kurze Blick in die Geschichte Galiläas läßt vielleicht ahnen, wie wenig man diese Region einfach mit "Israel" identifizieren kann. In einem jahrhundertelangen Prozeß hat sich das israelitisch-jüdische Volk im Norden Palästinas immer den Herausforderungen fremder Einflüsse und damit auch dem Problem der eigenen Identität ausgesetzt, ja ausgeliefert gesehen. Wahrscheinlich hatten sich die Verhältnisse in der Makkabäerzeit insofern stabilisiert, als die jüdische Bevölkerung sich mehr auf das Land, die heidnische mehr auf die Städte verlagerte, aber das bedeutete natürlich keine strikte Trennung beider Bevölkerungskreise. Man hat zu berücksichtigen, daß der ggf.

indirekte, aber auch der unmittelbare Einfluß der Städte auf die kleinen Ortschaften und Dörfer beträchtlich gewesen sein muß, vor allem im stärker städtisch geprägten Untergaliläa, wo sich diejenigen Kreise, die Wirtschaft und Handel dominierten, seit geraumer Zeit etabliert hatten. Die auf dem Land erwirtschafteten Güter mußten ja in der Stadt verkauft werden bzw. das landwirtschaftlich genutzte Land gehörte Eigentümern in der Stadt, so daß schon dieses Beziehungsverhältnis Abhängigkeiten schuf und wirtschaftlich-soziale Einflüsse mit sich brachte.

Sicher darf man hier nicht zu sehr schematisieren; es ist selbstverständlich nicht so, daß es auf der einen Seite nur Großgrundbesitzer und auf der anderen Seite nur die Ohnmacht verarmter Abhängiger gegeben hätte. Es gab auch kleinere Landeigner, aber dadurch war das soziale Problem nicht grundsätzlich verändert oder gar aufgehoben. Denn gerade die kleinen "Selbständigen" waren gezwungen, Beziehungen aus eigenem Interesse mit der Oberschicht der Städte zu unterhalten. Dadurch standen sie permanent unter Druck. Dazu kommt, daß die Dörfer sich immer schon nach den Städten ausrichteten, umgekehrt romabhängige Herrscher wie Herodes d. Gr. oder Antipas Städte erbauten, die für die wirtschaftliche Entwicklung förderlich waren und die sie mit hellenistischer Bevölkerung besiedelten. Auch wenn die ländliche Bevölkerung Städten wie Sepphoris oder Tiberias gegenüber deshalb distanziert eingestellt war, blieb sie von da doch nicht unbeeinflußt. Andererseits konnte es zu diesen Wechselbeziehungen durch die Verbindungen zwischen den Unterschichten in den Städten, die die Opfer der ökonomischen Entwicklung waren, und denen des Landes kommen. Von daher ist auch vorstellbar, daß die Armen vom Lande zunehmend in die Städte kamen und sich dann in den Kreisen, die sich am sozialen Rand wiederfanden, ein revolutionäres oder einfach auch Banditenpotential bildete. Symptomatisch dafür ist eine Episode, die Josephus in seiner Autobiographie erzählt (Kap. 12): ein gewisser Jesus, Sohn eines Sapphias, habe sich an die Spitze von verarmten Leuten gesetzt und mit seinen Anhängern einen von Herodes Antipas erbauten, mit Tierbildern geschmückten Palast nahe Tiberias in Brand gesetzt, um sich an den Schätzen zu bereichern.

Es ist kein Wunder, daß man sich in der politischen und geistigen Krisensituation angesichts der zunehmenden Fremdeinflüsse auf die altbewährten Eigentraditionen besann und aus ihnen Hoffnung für eine neue Zukunft schöpfte, aber auch die gemeinsame Geschichte mit Jerusalem und Judäa neu ins Bewußtsein rückte. Insofern haben die nicht ganz gefahrlosen Wallfahrten der bäuerlichen Kreise aus Galiläa nach Jerusalem ihre soziale Funktion als Entlastung ihrer Alltagssituation in der Identifikation mit der Tradition und der hoffnungsvollen Ausrichtung auf eine neue Zukunft.

Ein Blick in die Geschichte Galiläas zeigt also, wie komplex sich der Norden Palästinas darstellt. Es kann kaum überraschen, daß sich in dieser Phase politischer Krisen und sozialer Spannungen Bewegungen bildeten, die sich mit ihrer eigenen Ohnmacht nicht abfanden, sondern neue Überlebensstrategien suchten, die aber nicht *notwendig* revolutionär sein mußten. Freilich wird man der Situation Galiläas mit einer rein sozialen Analyse nicht hinreichend gerecht. Zur spannungsvollen sozialen Lage kommt die Frage nach der *religiösen* Identität. Galiläa hatte auf der einen Seite seine eigene Geschichte, die durch Diskriminierungserfahrungen seitens des orthodoxen (judäischen) Judentums auch eine Leidensgeschichte sein konnte, lebte aber auf der anderen Seite in einem Grundkonsens mit dem gesamten Judentum, was die im Tempel und Kult sich manifestierenden Grundüberzeugungen jüdischen Glaubens anging. So lebte das galiläische Volk vor allem auf dem Lande im Spannungsfeld zwischen den die eigene Identität bedrohenden hellenistischen Einflüssen einerseits und der Verachtung durch judäisch-jerusalemer Kreise andererseits.

Ist es ein Zufall, daß Jesus sich in seiner Verkündigung gerade den Kreisen der arg gebeutelten Landbevölkerung zuwandte? Wenn Jesus seine Botschaft vor allem in den ländlichen Bereichen vertrat und nicht in die (hellenistischen) Städte ging, hat das zunächst seine Gründe wohl nicht in der Israel-Ausrichtung seiner Predigt als solcher. Man kann die galiläische Bevölkerung ja nicht einfach in Juden (= Landbevölkerung) und Heiden (= Stadtbevölkerung) aufteilen. Hier ergibt sich zwar eine gewisse Tendenz, aber die Linien überlagern sich auch. Jesus wendet sich denen besonders zu, die sozial, besonders aber auch religiös unter Pressionen stehen. Es ist der Mensch, der unter diesen Zwängen leidet, er ist sein bevorzugter Adressat. Und das ist eben nicht nur die Unterschicht der Verarmten, sondern vielleicht gerade die Schicht der ohnmächtigen Landeigner mit bescheidenem wirtschaftlichen Potential, die ganz abhängig sind von ihren "Partnern" in den Städten und sich als Spielball der Mächtigen erfahren. Hingewiesen sei in diesem Zusammenhang auf den ungerechten Verwalter (Lk 16,1-8), den bösen Schuldner (Mt 18,23-

35) oder den Oberzöllner Zachäus (Lk 19,1-10). Das sind nicht die Unterprivilegierten, aber doch ohnmächtig Abhängige. Das sind exemplarische Vertreter derjenigen, die "zwischen den Stühlen" sitzen.

4. Galiläische Städte

Wenn wir von galiläischen "Städten" zur Zeit Jesu sprechen, stoßen wir zunächst auf *Sepphoris* und *Tiberias,* in denen Jesus - so weit wir den Evangelien entnehmen können - nicht aufgetreten ist, vor allem dann aber auf *Betsaida* und *Kafarnaum,* die zu wichtigen Wirkungsstätten wurden. Diesen Städten Galiläas sei nun die Aufmerksamkeit gewidmet.

Weder im AT noch im NT wird die Stadt *Sepphoris* genannt (wenn sie nicht mit dem Ri 1,30 erwähnten Kitron identisch ist), aber deshalb ist sie für das zeitgeschichtliche Kolorit der Verkündigung Jesu noch lange nicht bedeutungslos. Sie tritt erst an der Wende vom 2. zum 1. vorchristlichen Jahrhundert ans Licht der Geschichte, und zwar während der Herrschaftszeit des Alexander Jannäus (103-76 v. Chr.). Nach der Eroberung Palästinas durch Pompejus (63 v. Chr.) machte der römische Statthalter Gabinius die Stadt Sepphoris zu einem der fünf Verwaltungsbezirke in Palästina, erhob sie zum Verwaltungszentrum von Galiläa und trug damit ihrer strategischen Bedeutung Rechnung. Nach dem Tod Herodes' d. Gr. wird Sepphoris zum Zentrum des Widerstandes, woraufhin der Gouverneur von Syrien, Varus, die Stadt niederbrennt und die Einwohner versklavt (Josephus, Jüd. Krieg 2,68). Herodes Antipas baute die Stadt wieder auf und machte sie bis zur Gründung von Tiberias zu seiner eigenen Residenz. Josephus (Jüd. Altertümer 18, 2,1) weiß zu berichten:

> Herodes (Antipas) befestigte alsdann Sepphoris, die Zierde von Galiläa, und weihte die Stadt dem Caesar.

Im Aufstandskrieg der Juden (66-73 n.Chr.) gegen die Römer verhält sich Sepphoris prorömisch.

Antipas entfaltete eine rege Bautätigkeit; wahrscheinlich stammt aus seiner Regierungszeit das Theater, das sowohl kulturellen Aufführungen wie auch politischen Versammlungen diente. Vermutlich hatte die Stadt auch mehrere Synagogen, von denen allerdings bis heute keine im Zentrum gefunden worden ist; ebenso bestanden vielfältige Beziehungen zum Jerusalemer Tempel. Zumindest ist die Existenz von priesterlichen Familien schon vor 70 n. Chr. anzunehmen. Dennoch ist die Frage nicht ganz leicht zu beantworten, ob in Sepphoris die jüdische oder heidnische Bevölkerung höheres Gewicht hatte. Auch wenn die heidnische Bevölkerung anders als in den anderen Städten der Dekapolis in der Minderheit gewesen sein sollte, sagt das noch nichts über einen mangelnden Einfluß auf das Leben aus. Bemerkenswert ist immerhin das erwähnte prorömische Verhalten in den Wirren des Aufstandskrieges vor 70 n. Chr. Hier hat sich möglicherweise der nicht-jüdische Einfluß durchgesetzt.

Es mag auffallen, daß Sepphoris in der Verkündigung Jesu keine Rolle spielt, nicht einmal erwähnt wird. Das ist umso bemerkenswerter, als die Stadt nur etwa 5 km nordwestlich des Dorfes Nazaret liegt und für den Heimatort Jesu doch eigentlich eine bekannte Größe sein mußte. Denn Sepphoris war insofern von praktischer Bedeutung für die Region, als in der Verwaltungsstadt auch die Gerichtsbarkeit saß. Es wäre zwar mehr als hypothetisch, wollte man die von Jesus in seine Verkündigung eingebrachten "Gerichtsszenen" wie Lk 12,58f auf die Nazaret benachbarte Stadt beziehen, doch wird damit immerhin illustriert, wie sehr der galiläische Jude der heidnischen Gerichtskompetenz unterworfen und damit von der staatlichen Instanz abhängig war. Insgesamt ist Sepphoris das Spiegelbild einer galiläischen Stadt mit jüdischer und nicht-jüdischer Bevölkerung, in der beide Kulturtraditionen nebeneinander existierten, vielleicht auch miteinander verschmolzen und in ihrer heterogenen Struktur auf das Umland ausstrahlten.

Zu *Tiberias* schreibt Josephus in seinen Jüdischen Altertümern:

> Da Herodes, der Tetrarch, mit Tiberius sehr befreundet war, erbaute er eine Stadt am See Gennesaret im schönsten Teil von Galiläa, die er *Tiberias* nannte (18,2,3).

Josephus berichtet dann weiter, viele seien mit Gewalt dort angesiedelt worden, denen es vom jüdischen Gesetz nicht erlaubt gewesen sei, dort ansässig zu sein, weil die Stadt auf einem Gräberfeld erbaut worden war. Antipas errichtete nach der Gründung 18/19 n. Chr. in Tiberias u. a. ein Stadion, ein Forum, Bäder und einen königlichen Palast - Tiberias war nun statt Sepphoris Hauptresidenz -, von dem aus er die Kontrolle über die Stadt hatte; nachgewiesen ist auch eine Synagoge im Norden.

Auch mit Tiberias steht Jesus nach Darstellung der Evangelien in seinem Wirken nicht in Verbindung. Das Joh-Ev berichtet lediglich, von Tiberias seien Boote zum Ort der wunderbaren Speisung gekommen. Dennoch wirft die Stadt ein Licht auf die Situation des Judentums in Galiläa, insofern uns hier in vielleicht extremem Ausmaß das den Juden aufgezwungene Neben- oder Miteinander mit der heidnischen Bevölkerung begegnet, das für Galiläa insgesamt charakteristisch ist.

Betsaida ist aus den Evangelien vor allem als der Heimatort der dem Zwölferkreis angehörenden Brüder Simon und Andreas sowie des Philippus bekannt (Joh 1,44). Die Zuweisung von Simon und Andreas nach Betsaida steht allerdings in Spannung zu Mk 1,29; denn Mk erwähnt Kafarnaum als ihren Wohnort. Die Spruchquelle Q überliefert den Weheruf Jesu gegen Betsaida und Chorazin (Mt 11,21/Lk 10,13).

Betsaida ist ein Fischerdorf östlich des Jordanflusses an dessen Mündung in den See Gennesaret. Josephus berichtet, Herodes Philippus habe den Ort in den Rang einer Stadt (griech.: polis) erhoben, ihr Einwohner verschafft und sie nach der Tochter des Augustus Julias genannt (Jüd. Altertümer 18,2,1). Damit war es dann in Betsaida mit ziemlicher Wahrscheinlichkeit zu einer gemischten Bevölkerung von Juden und Heiden gekommen, zumal die Stadt an der wichtigen Straße von Cäsarea am Meer nach Damaskus lag. Neuere Ausgrabungen machen wahrscheinlich, daß es sich bei dem zwei Kilometer nördlich der Jordanmündung liegenden et-Tell um das biblische Betsaida handelt.

Kafarnaum wird bei Josephus als Dorf bezeichnet, in den Evangelien ist es eine Stadt. Bis in die Zeit Jesu unbedeutend geblieben, ist es nach 4 v. Chr. Grenzstadt zwischen dem Herrschaftsgebiet des Herodes Antipas und dem des Philippus östlich des Jordan. Als Philippus östlich des Flusses am Ufer des Sees Gennesaret die Stadt Julias Betsaida gründete, dürfte auch Kafarnaum davon profitiert haben. Größere militärische Bedeutung scheint die Ansiedlung nicht gehabt zu haben, denn Befestigungsanlagen wie Stadtmauern o. ä. lassen sich nicht nachweisen.

Die wirtschaftliche Bedeutung ergab sich vornehmlich wohl aus dem Fischfang. Dieser trug den arbeitenden Menschen selbst gleichwohl nicht viel ein, standen sie doch unter dem Druck der Abgaben. Es ist kaum damit zu rechnen, daß die Fischerei unter wesentlich besseren Voraussetzungen stand als der Ackerbau. Zwar war die Fischerei von Fremdeignern naturgemäß nicht so abhängig wie die Landwirtschaft des Kleinbauern vom Großgrundbesitzer, weil die Erträge nicht so gut kontrolliert werden konnten, doch war der Fischhandel keineswegs unabhängig und selbständig zu leisten, sondern auch ein abhängiger Beruf. Das wird verständlich, wenn man berücksichtigt, daß Kafarnaum zwischen Betsaida und Magdala/Taricheae lag. Beide Orte sind wohl im Interesse einer besseren wirtschaftlichen Ausnutzung des Fischfangs ausgebaut worden. Ohne Beziehung zu hellenistischen Eignern und Geschäftsleuten konnte man mit der Fischerei demnach gar nicht den Lebensunterhalt bestreiten. Was das für die kulturelle und religiöse Identität bedeutet, werden wir später noch sehen. Hier steht der wirtschaftlich-soziale Status im Vordergrund. Die Fischer müssen nicht unbedingt zur sozialen Unterschicht gehört haben, aber ganz sicher auch nicht zu den selbständigen, gehobenen Kreisen. Immerhin weiß Josephus davon zu berichten, daß zu Beginn des jüdischen Krieges Schiffsleute in Verbindung mit Unterprivilegierten im Vorfeld des Krieges einen Aufstand anzettelten. Das spricht immerhin für wirtschaftliche Pressionen, unter denen diese Kreise litten. Zudem ist anzunehmen, daß die Fischer darauf angewiesen waren, in einer Art genossenschaftlicher Organisation ihrer Arbeit nachzugehen, da sie sich die notwendige Fischerei-Ausrüstung für die damals übliche Fangtechnik allein nicht leisten konnten.

Auch wenn Kafarnaum hauptsächlich jüdisch geblieben ist, sind die Fremdeinwirkungen auf den Ort und die damit verbundenen Herausforderungen jüdischen Eigenbewußtseins nicht zu unterschätzen. Das spitzt sich da zu, wo Juden unter dem Druck stehen, mit Hellenisten Beziehungen zu unterhalten, infolgedessen Kompromisse mit nichtjüdischer Lebensweise zu schließen und damit gegen die eigenen Lebensnormen zu verstoßen (z. B. in der Sabbatfrage). Man muß sich nur daran erinnern, daß der Verschmelzungsprozeß von jüdischer und heidnischer Bevölkerung in Judäa 150-200 Jahre vorher zu den größten (auch innerjüdischen) Konflikten geführt hatte, als die jüdische Oberschicht aus durchsichtigen Interessen die Hellenisierungspolitik der Besatzungsmacht begrüßte, ohne ein Mindestmaß an

Sensibilität für die eigenen religiösen Traditionen zu entwickeln, die das Volk seit alter Zeit zusammengehalten hatten.

Mit Kafarnaum wird das galiläische Wirken Jesu durchgängig in Verbindung gebracht: Nach Mk 1,16-21 ruft Jesus am See die ersten Jünger und zieht dann in Kafarnaum ein; hier wird die Gelähmtenheilung Mk 2,1-12 ebenso lokalisiert wie der Rangstreit der Jünger Mk 9,33-37, aber auch die in der Spruchquelle Q überlieferte Heilung des Knechtes eines römischen Hauptmannes (Mt 8,5-13/Lk 7,1-10). Ebenfalls überliefert uns die Spruchquelle die Weherufe Jesu über Chorazin, Betsaida und Kafarnaum (Mt 11,20-24/Lk 10,13-15). Dies sind nur einige der Kafarnaum-Erwähnungen in den Evangelien, und auch sie gehen nicht alle auf alte Tradition zurück. Aber zumindest läßt sich so viel sagen: Wirken und Verkündigung Jesu beginnen in Kafarnaum bzw. den anliegenden Ortschaften am See Gennesaret.

Fassen wir zusammen: Jesus hat weitgehend innerhalb Galiläas in Untergaliläa gewirkt, also in jenem Teil des Landes, der zivilisatorisch besser erschlossen war. Wir hören nichts von einem Wirken in den Städten Sepphoris und Tiberias, sondern eher im ländlichen Raum, vor allem also im Gebiet von Kafarnaum und Betsaida als größeren Ansiedlungen. Aber als klassische "Städte" haben auch diese beiden Orte nicht zu gelten. Die jüdischen Schichten, die Jesus ansprach, unterhielten gezwungenermaßen Beziehungen mit den Kreisen der fremden hellenistisch-römischen Besatzer und waren von ihnen abhängig. Wenn Jesus sich an israelitisch-jüdische Adressatenkreise wendet, richtet sich seine Verkündigung an Menschen, die unter sozialem Druck der nichtjüdischen Oberschicht stehen und prinzipiell unter "Enteignung" in jeder Beziehung leiden. Was das bedeutet, läßt sich nur ermessen, wenn man in Betracht zieht, daß "Landgabe", d. h. Selbständigkeit und Eigenverantwortlichkeit zu den Fundamenten des Jahweglaubens gehören. Daran hat sich Israel immerhin seit der Richterzeit, d. h. seit über 1000 Jahren festgemacht. Verlust des Landes ist auch Verlust einer Säule des Jahweglaubens.

Die galiläisch-jüdischen Kreise leiden aber auch unter Diskriminierungen seitens der Bevölkerung des judäischen Stammlandes. Wenn deren Vertretern schon vom Täufer, aber in der Sache auch von Jesus gesagt wird, sie hätten keinen Grund, sich auf irgendwelche Erwählungsansprüche zu berufen, kann das diskriminierte Galiläer nur aufrichten. Damit steht Jesus in seiner Verkündigung den traditionell orthodoxen Kreisen gegenüber und auf der Seite derer, die in seinen Augen der Zuwendung Jahwes als sozial und religiös Stigmatisierte bedurften.

Diese Grenzüberschreitung (über die orthodoxen Kreise zu den religiösen Randexistenzen) führt dann aber grundsätzlich über das Judentum Israels hinaus. Bei der sehr unterschiedlich zusammengesetzten Bevölkerung Galiläas auch im Umkreis der Städte war für Jesus in seiner Botschaft zwischen Juden und Heiden in der Praxis nicht genau zu trennen. Das wäre ein rein praktisch orientiertes Vorgehen. Aber auch in der "Theorie" war das nicht die Sache Jesu. Seine Verkündigung war für die Heiden offen, und das ist nicht nur ein Zwang aus den realen Gegebenheiten. Das zeigt unübersehbar das Wort Mt 8,11f:

> Viele werden von Osten und Westen kommen und mit Abraham, Isaak und Jakob im Himmelreich zu Tische sitzen; die aber, für die das Reich bestimmt war, werden hinausgeworfen in die äußerste Finsternis ...

Heidnische Kreise, die auf ihre Weise strukturell unter ähnlichen Pressionen litten wie die jüdischen, konnten sich deshalb ebenso in der Jesusbotschaft wiederfinden, wie die gebeutelten jüdischen Adressaten.

Eine ähnliche Situation finden wir übrigens im Wirkungskreis Jesu außerhalb Galiläas. Man befindet sich hier gewiß auf etwas unsicherem Terrain, jedoch kann man Jesu Auftreten kaum auf Untergaliläa beschränken. Es ist immerhin mindestens möglich, daß er über sein eigentliches Heimatland schon vor dem Gang nach Judäa hinausgegangen ist. Auch hier sind nicht die Städte in erster Linie die Aufenthaltsorte Jesu, sondern wieder das Umland, in dem dieselben Abhängigkeiten wie in Galiläa vorherrschten und wo Juden und Heiden noch weniger auseinanderzuhalten waren als z. B. im Umkreis von Kafarnaum. Auch hier kann Jesus deshalb gerade bei allen, die unter Abhängigkeitsdruck stehen, zum Symbol der Hoffnung werden.

IV. Jesus und seine Bewegung

1. Allgemeines

Bisher war von Jesus als dem einzelnen charismatischen Wanderpropheten die Rede, wenn auch im Gegenüber und in der Beziehung zu den Menschen des Landes. Die Jesusüberlieferung läßt aber sehr deutlich erkennen, daß die Bildung des *Jüngerkreises* konstitutiv in das Wirken Jesu hineingehört. An ihm wird die soziale, gemeinschaftsbildende und solidarische Dimension seiner Botschaft deutlich. Auf den Jüngerkreis hätte Jesus also nicht grundsätzlich verzichten können, denn er ist für seine Sache konstitutiv. In der kritischen Jesusforschung wurde zwar hin und wieder an der Historizität des Zwölferkreises schon zu Zeiten des vorösterlichen Jesus überhaupt gezweifelt, dieser also erst als Bildung der Urgemeinde betrachtet. Doch gibt es dafür keine durchschlagenden Anhaltspunkte. Eine andere Frage ist die, ob die Bildung des *Zwölfer*kreises am *Beginn* der Konstituierung des Jüngerkreises gestanden hat, wie die Evangelien zunächst vermuten lassen (Mk 1,16-20; 3,13-19 parr), oder ob Jesus nicht aus einer größeren Nachfolgergruppe, zu der auch Frauen gehörten (s. u.), mit den *Zwölf* einen *engeren* Kreis gebildet hat. Das scheint eher der Fall zu sein. Mit der Wahl der Zwölf vollzieht Jesus einen symbolischen Akt, in dem er seinen Anspruch, ganz Israel mit der Erinnerung an dessen zwölf Stämme für das Offenbarwerden der Gottesherrschaft vorzubereiten, unterstreicht und damit seine Sendung an Israel bekräftigt.

Das Auftreten von Predigern und die Sammlung zu Nachfolge und Jüngerschaft waren zur Zeitenwende verbreitet. Die verschiedenen Philosophenschulen im hellenistisch-römischen, aber auch Wanderprediger im palästinischen Raum hatten ihre eigenen Schülerkreise. Schon aus der Zeit der atl. Prophetie war die Bildung einer sog. Prophetenschule bekannt. Die Propheten Elija und Elischa hatten solche Schülerkreise. Wenn man hier nach Analogien zu Jesu Nachfolgemodell sucht, kommt man jedoch zu dem Ergebnis, daß die Konstellation von Jesu Jüngerschaft letztlich beispiellos bleibt. Auch die atl. Prophetenberufung kann nicht als Vorbild für das Verhalten Jesu gelten, denn ein Lehrer-Schüler-Verhältnis, in dem der Schüler den qualifizierenden Weg des Lehrers geht, ist bei Jesus gerade nicht gegeben. Mit den am königlichen Hof etablierten beamteten Prophetenkreisen hat der Jesuskreis erst recht nichts zu tun.

Damit sind wir bei doch möglichen Anknüpfungspunkten. Voraussetzung für die Entstehung der zeitgenössischen Bewegungen in Philosophen- oder Prophetenkreisen ist das *nicht-institutionelle* Element. Das ist schon im AT der entscheidende Unterschied zwischen den Einzel- bzw. Schriftpropheten und den Prophetengilden am Hof, die als Berater des Königs fungierten. Als ein Prophet, der den Zwängen des gesellschaftlich organisierten Lebens nicht unterworfen war, ist auch Jesus aufgetreten und hat in dieser Lebensweise seine Jünger an sich gebunden. Als prophetischer Charismatiker initiierte er dann eine Bewegung, die ihn anerkannte, sich mit ihm identifizierte und auch gesellschaftlich wahrgenommen wurde, als eine Bewegung unter anderen. Die Spontaneität ihres Entstehens und ihre charismatische, im positiven Sinne unorganisierte Struktur bringen es seitens ihres Begründers mit sich, daß er diesem Kreis keine feste Form zur dauerhaften Einrichtung in der Gesellschaft gegeben hat. Die naturgegebene Kurzlebigkeit solcher Gemeinschaften entspricht denn auch genau der Erwartung und Zielsetzung seines Wirkens, der Vorbereitung und Zurüstung des Volkes auf das Einbrechen der Gottesherrschaft.

Grundlegend für die Wirkung, die Jesus auf seine Umwelt ausgeübt hat, ist demnach seine prophetisch-charismatische Persönlichkeit, die geprägt war von dem ganz einzigartigen Bewußtsein und Anspruch, das Handeln Gottes für den Menschen und seine Welt darzustellen. Das "ganz andere", das auf die Spur dessen führt, was von Jesus als Gottes Handeln verkündigt wird, mußte sich deshalb schon in seiner Person und in seinem Lebensstil ausdrücken. Diese theologische Basis ist es, die Jesus von vielen anderen zeitgenössischen charismatisch begabten Persönlichkeiten unterscheidet.

Wie läßt sich der Nachfolgekreis Jesu nun näher beschreiben?

2. Jesus und sein Jüngerkreis - Die Jünger und Jesus

Bei der Darstellung des galiläischen Umfeldes Jesu wurde bereits auf die schwierige Situation gerade der dortigen jüdischen Unterschichten oder zumindest abhängigen Schichten hingewiesen. Diese soziale und religiöse Situation ist für das Entstehen von Bewegungen, die ihre existentielle Stabilität und religiöse Identität suchen, wie geschaffen. Die Bildung des Jüngerkreises durch Jesus ist davon nicht unabhängig, sie erklärt sich andererseits aber auch nicht einfach aus der Erfahrung sozialer Unterprivilegierung.

Auf jeden Fall beginnt mit der Trennung von der Johannes-Gruppe die Konstitution eines neuen Kreises. Initiiert wird diese neue Phase durch die Berufung der ersten Jünger. Diese Berufungen lassen kein systematisches Konzept erkennen - sie erfolgen meist im "Vorbeigehen" (Mk 1,16ff) -, sind aber offenbar erfolgreich. Ob die Berufung des Zwölferkreises oder die Bildung des größeren Jüngerkreises am Anfang stehen, war schon zugunsten der zweiten Möglichkeit entschieden worden. Für den Gruppenbildungsprozeß ist in erster Linie wesentlich, daß die Gruppe selbst an der Auswahl weiterer Jünger nicht beteiligt wird. Sie unterstellt sich der prophetischen Leitungsfigur Jesus. Das geschieht rein personenbezogen:

Es gibt keine Satzung, auf die man sich zu verpflichten hätte, kein kultisches Ritual, keine Anforderung religiösen Wissens o. ä., sondern Voraussetzung ist allein die Verpflichtung zu persönlicher Bindung, die allerdings einhergeht mit Heimat-, Besitz- und Familienlosigkeit. Mt 8,22 überliefert, daß es einem Nachfolger verwehrt ist, den verstorbenen Vater zu begraben; nicht weniger radikal ist wohl zu werten, daß die Jünger bei ihrer Berufung ihren Vater bei der Arbeit zurücklassen mußten (Mk 1,20). Vielleicht ist von daher zu verstehen, daß der Prophet in seiner Vaterstadt nichts gilt, wie von Jesus in Mk 6,4 gesagt wird. Die Konsequenz dieser Aufgabe von natürlichen Bindungen für Jesus ist, daß er von seiner Familie für "verrückt" erklärt wird (Mk 3,21f). Dahinter steht der Vorwurf an ihn (und die Seinen), sich antifamiliär zu verhalten.

Dagegen verteidigen die Jünger sich mit einem neuen Familienbegriff: Wahre Verwandte sind die, die Gottes Wort hören und es befolgen. Diese Neudefinition des Familienbegriffs gibt Jesus vor, indem er auf den Hinweis, seine Mutter und seine Brüder seien draussen, antwortet, seine Mutter und seine Brüder seien die, die gewillt seien, den Willen Gottes zu tun (Mk 3,31-35).

Die ntl. Überlieferung läßt also erkennen, daß die Folge der Jüngerschaft das Zerwürfnis mit den Familien ist. Diese trösteten sich dann damit, daß solche Zerrüttungen zu den Anzeichen und Wehen der Endzeit gehörten:

> Von nun an wird es so sein: Wenn fünf Menschen im gleichen Haus leben, wird Zwietracht herrschen, drei werden gegen zwei stehen und zwei gegen

> drei, der Vater gegen den Sohn und der Sohn gegen den Vater, die Mutter gegen die Tochter und die Tochter gegen die Mutter, die Schwiegermutter gegen ihre Schwiegertochter und die Schwiegertochter gegen die Schwiegermutter (Lk 12,52f).
>
> Das Opfer der Familienlosigkeit wird also "ausgeglichen" durch die Beziehung zu dem, der die Gruppe begründet hat, aber auch durch ein gewisses Maß an Akzeptanz durch weitere direkte oder indirekte Anhänger, die die Jüngerinnen und Jünger offenbar unterstützten und versorgten. Die Evangelien berichten übereinstimmend, daß die Berufenen Haus und Hof verließen und wohl auch nach dem Tod Jesu ihr instabiles Leben weiter praktizierten. Noch im 2. Jh. sagt eine christliche Schrift, die Didache, eine Art Gemeindeordnung: "Ein Apostel, der länger als zwei Tage bleibt, ist ein Pseudoprophet" (Did 11,5).

Ein weiteres Kriterium Jesu für die Nachfolge ist die Besitzlosigkeit. Die Nachfolger werden ohne Sicherheit ausgeschickt, ohne Geld und Vorräte (vgl. Mk 6,6-13; Lk 10,1-16). Jesus versteht mit seiner Aussendung die Jüngerschaft als eine Lebens- und Schicksalsgemeinschaft, die an seiner Lebensweise, aber eben auch an seiner Verkündigung teilhat. So ist es nur konsequent, wenn die Jünger ohne Habe hinausgehen, um die Herrschaft Gottes zu proklamieren (Lk 10,4ff).

Wenn Jesus auch keine größeren *religiösen* Voraussetzungen für die Jüngerschaft macht, so dann also doch in der Frage der *Lebensweise*. Worte Jesu, die davon sprechen, daß eher ein Kamel durch ein Nadelöhr geht als daß ein Reicher in das Gottesreich kommt, bestätigen das (vgl. Mk 10,25; Lk 18,25; Mt 19,24). Dem entspricht auch die Mahnung, Schätze nicht auf Erden, sondern im Himmel zu sammeln (Mt 6,19ff) oder nicht den Versuch zu machen, Gott und dem Mammon zugleich zu dienen (Lk 16,13). Auch hier bietet wieder die schon genannte Gemeindelehre aus dem 2. Jh., die Didache, ein instruktives Beispiel, wenn sie die christlichen Wanderprediger darauf verpflichtet, sich nur mit der notwendigen Tagesration zu versehen (vgl. auch das Vaterunser [Mt 6,11]: "Unser nötiges Brot gib uns *heute*").

Im Mt-Evangelium finden sich sog. Sprüche vom Sorgen (Mt 6,25-32). Sie taugen nicht für idyllische Vorstellungen, sondern bestätigen, daß die Nachfolger Jesu sich aus schutzlosen und heimatlosen

Wanderpredigern zusammensetzten, die mit jedem Tag zu kämpfen hatten: "Jeder Tag hat genug eigene Plage" (Mt 6,34). Sie werden von den Adressaten ihrer Predigt mit dem Nötigsten versorgt und sind bereit, aus dem Vertrauen heraus zu leben, daß sie damit zum Unterhalt auf ihrem schwierigen Weg auskommen. Nicht nur das, sie müssen auch bereit sein, auf Schutz, körperliche Unversehrtheit und Durchsetzung ihres Rechtes zu verzichten. Darauf verweist die Mahnung, ohne Stab zu gehen, damit den Verzicht auf Selbstverteidigung zu riskieren und diesen auch erkennbar zu machen (Mt 10,10, vgl. auch Mt 5,38-48).

Wir sind wahrscheinlich geneigt, diese Extremforderungen für untragbar zu halten und damit den Nazarener in dieser Hinsicht für ebenso verrückt zu erklären wie es seine eigene Familie schon tat. Freilich ist die Lebensweise Jesu nicht ganz analogielos im zeitgenössischen Palästina. Auch bei den hellenistischen Wanderpredigern finden wir ähnliche Ideale. Diese Wanderphilosophen sehen ihre Freiheit darin, heimat-, familien- und besitzlos zu sein. Aber um die "innere Seelenruhe" des Individuums zur Gewinnung der eigenen Freiheit ähnlich diesen philosophischen Kynikern geht es Jesus gerade nicht. Ihm geht es umgekehrt um den Aufweis, daß der Mensch seinen Weg nur in der Solidargemeinschaft findet und daß die Erwartung der Welt Gottes nur in der Freiheit von allen Verstellungen und (wirtschaftlichen) Blockierungen möglich ist.

Allerdings müssen wir berücksichtigen, daß Jesus hier keine festgefügten Normen aufstellt, sondern pragmatisch vorgeht. Wir kennen zwar seine Option, alle Bindungen aufzugeben, sich ihm zu unterstellen und mit ihm neue Sozialbeziehungen zu suchen. Aber Jesus differenziert offenbar doch in seinen Erwartungen an die von ihm Berufenen je nach ihren Möglichkeiten. Das zeigt sich instruktiv an Simon Petrus, "der die gewohnten sozialen Bindungen bis zu einem gewissen Grade aufrechterhalten durfte, sein Wohn- und Fischerhaus behielt und nicht mit seiner Familie und der ehelichen Lebensform brechen mußte." So urteilt jedenfalls Michael N. Ebertz (Das Charisma des Gekreuzigten, Tübingen 1987, S. 75). Es zeigt sich, daß Jesus die Reihe der erwähnten Qualifikationen in letzter Konsequenz ganz sicher an sich selbst stellte und ansonsten durchaus in der Lage war, sie situativ an seine Nachfolger je nach deren Konstitution zu richten. D. h.: Jesu Verhalten ist hier "unsystematisch", ein Grundzug, dem wir auch sonst in seinem Wirken begegnen.

Was die Jünger und ihre religiöse Sozialisation angeht, so ist zunächst grundsätzlich zu sagen, daß sie "Laien" waren (um diesen nicht sehr präzisen Begriff zu gebrauchen), also nicht aus den etablierten Priesterkreisen, schon gar nicht aus der schriftgelehrten Theologenschicht der jüdischen Gesellschaft kommen. Die Zahl der Jesusnachfolgerinnen und -nachfolger ist variabel, d. h. es ist damit zu rechnen, daß sie nur zeitweise mit Jesus unterwegs waren.

Damit ist ein anderer wichtiger Tatbestand berührt, der sich schon aus dem Vorhergehenden ergibt: Mit Jesusjüngern dürfen wir nicht nur die "Zwölf" identifizieren, sondern müssen den weiteren Kreis von Jüngerinnen und Jüngern einbeziehen. Die Zwölf rekrutieren sich zwar nur aus Männern, der darüber hinausgehende Jüngerkreis teilweise aber auch aus Frauen. Über welchen Zeitraum diese Frauen und Männer Jesus jeweils begleiteten, ist eine kaum lösbare Frage. Man darf nicht den einen Aspekt aus den Augen verlieren, daß es sich bei dem Unternehmen mit Jesus um physisch beachtliche Strapazen handelte und damit konstitutionelle Anforderungen gestellt waren, die nicht jede(r) erbringen konnte. Vielleicht ist von daher auch ganz einfach zu erklären, daß in der Nachfolgegruppe Kranke und Behinderte fehlen, denen ja ansonsten die besondere Zuwendung Jesu galt. Zwar wäre hier der in Mk 10,46-52 erwähnte Bartimäus zu nennen, aber wenn man ihn denn dem weiteren Jüngerkreis zurechnen wollte, wäre zu berücksichtigen, daß er *als Geheilter* zum Kreis der Nachfolger Jesu zählt.

Blicken wir von hier noch einmal auf die Konstituierung des Jüngerkreises durch Jesus zurück, so ergibt sich: Jesus hat mit seinen Jüngerinnen und Jüngern keine feste Organisation geschaffen, sondern besonders mit den Zwölf die Zuwendung Jahwes zu Israel zum Ausdruck gebracht, um das atl. Gottesvolk für den Einbruch der Gottesherrschaft zu bereiten. Mit der Jüngerberufung macht er dann aber vor allem den Anspruch geltend, in eigener Person für die Aufrichtung der Herrschaft Gottes in seinem Wirken aufzutreten. Eng verbunden ist damit die von Jesus behauptete Heilszukunft Israels, die die Heiden allerdings nicht ausschließt. Das geht einher mit dem Anspruch, an der Stelle Gottes und seines Heilswillens für das Volk zu handeln, damit aber in eigener Person den gnädigen Gotteswillen erfahrbar zu machen.

Versuchen wir nun, den Jüngerkreis auch aus der Sicht der von Jesus Gerufenen zu beschreiben. Lassen sich Anhaltspunkte dafür gewinnen, was die Nachfolger dazu bewog, auf den nazarenischen Propheten zu setzen? Zunächst sei auf das verwiesen, was sich schon im Zuge der Darstellung der ökonomischen und religiös-kulturellen Situation Galiläas zeigte. Die von Jesus angesprochenen Adressaten sind Abhängige, die auf verschiedenen Ebenen unter Pressionen leiden und in ihrem Selbstwert in Frage gestellt sind. Das macht die Welt der Gleichnisse Jesu sehr eindrucksvoll deutlich. Auch der Verwalter, der ungerecht handelt (vgl. Lk 16,1-8), oder der ungerechte Gläubiger, der den ihm erwiesenen Schuldenerlaß nicht weitergibt (Mt 18,23-35), also Leute, die vermeintlich auf der Seite der Besitzenden sind, stehen in der ökonomischen Hierarchie unter Druck. Ihr Fehlverhalten zeigt ihr ganzes Dilemma, das offensichtlich auch Jesus sieht, der für uns vielleicht unverständlich reagiert.

Sehr viel ungünstiger noch sieht die Situation für die "Leute vom Lande" im Jüngerkreis aus. Auf das mehr als bescheidene Auskommen der Fischer, vor allem die Probleme, vor die sie gestellt waren, hatte ich schon in Abschnitt III,4 hingewiesen. Sicher, nicht alle Jünger waren Fischer. Aber auch den Zollpächtern erging es nicht viel besser. In ihrem erfahrenen Außendruck sind sie vielleicht mit dem ungerechten Verwalter zu vergleichen. Sie sind dazu noch religiös deklassiert und werden von der frommen jüdischen Gesellschaft mit Sündern und Gesetzlosen auf eine Stufe gestellt.

Die erfahrenen Defizite der sozial und religiös Deklassierten erklären zwar nicht die Akzeptanz Jesu durch die Jüngergesellschaft voll und ganz, weisen aber auf die Voraussetzungen hin, auf denen die Initialzündungen eines prophetischen Charismatikers wie Jesus zu neuen Hoffnungen für die Gedemütigten heranwachsen konnten. Wenn Jesus gerade diesen Kreisen plausibel machte, daß Gottes Welt und ihre reale Welt sich in ihm zumindest annäherten, zumal er diese bedingungslos teilte, war der Grundstein für eine charismatische Hoffnungsbewegung gelegt.

3. Frauen und Männer im Nachfolgekreis Jesu

Nach den Fragen zu den Intentionen Jesu hinsichtlich des Jüngerkreises und den sozialgeschichtlichen Voraussetzungen zur Bildung desselben sei der Blick noch einmal auf einen wichtigen Aspekt seiner Zusammensetzung gerichtet, den der Rolle der Frauen.

Wir hatten als "Jüngerkreis" schon den größeren Kreis der Nachfolgeschaft und die Zwölf kennengelernt. Das Verhältnis beider ist nicht exakt zu bestimmen, doch so weit, daß man sagen kann, daß Jesus mit den Zwölfen vor allem die Absicht verfolgte, das Zwölf-Stämme-Volk auf den Einbruch der Gottesherrschaft zuzurüsten und damit seine Heilsbotschaft authentisch zu beanspruchen - nicht mehr, aber auch nicht weniger.

Andererseits bestand die Nachfolgegruppe Jesu unzweifelhaft aus einem weiteren Jüngerkreis, und zwar unterschiedslos aus Frauen und Männern. Anders ist es nicht erklärbar, daß sich Erzählungen durchgehalten haben, die ganz selbstverständlich vom Umgang Jesu mit genannten oder nicht genannten Frauen berichten. Auch wenn einige dieser Überlieferungen erst späterer Bildung entstammen sollten, sind sie Teil der *Wirkungsgeschichte* Jesu bzw. lassen erkennen, mit welchem - gesellschaftlich untypischen - Verhalten sich Jesus in Erinnerung hielt.

Die Aufnahme von Frauen und Männern in den Nachfolgekreis ist eine logische Konsequenz der Ausrichtung seiner Predigt, die ja keineswegs gezielt an Männer gerichtet war. Jesus nimmt den Menschen unabhängig von Geschlecht oder Status in der Konkretheit seines Lebens in den Blick. Sein Wissen um den verhängnisvollen Widerspruch gegen Gott bezieht sich auf den Menschen schlechthin, seine Botschaft von der Zuwendung Gottes ohne jede Bedingung ist ein offenes und unterschiedsloses Zugehen auf jeden. Natürlich hat Jesus das nicht ausdrücklich thematisiert. Unsere geschichtlich belasteten Fragestellungen sind nicht einfach zurückzuprojizieren, aber ein positiver Anhaltspunkt für das jesuanische Verhalten gegenüber Mann und Frau läßt sich dennoch aus seinem Wirken gewinnen:

Jesu Heilungstätigkeit ist integraler Bestandteil seiner Verkündigung von der Herrschaft Gottes. Gerade die Krankheiten, in denen die Zeitgenossen Jesu gefangen sind, Blindheit, Besessenheit, Gelähmtsein usw., beschreiben die freiheitsberaubende Abhängigkeit und schöpfungswidrige Entfremdung des Menschen von sich selbst. Wenn nun Heilungen an *Frauen* wie selbstverständlich deren eigenständiges und selbstverantwortliches Leben ermöglichen, haben wir einen Hinweis darauf, daß hier für Jesus gar keine *Frage* bestand: Jesus heilt die Schwiegermutter des Petrus vom Fieber (Mk 1,29-31), er heilt eine Frau aus dem Volk von einer Blutung (Mk 5,25-34), er heilt eine Frau, die als besessen gilt (Mk 7,24-30), oder eine Frau (am Sabbat), die verkrüppelt ist (Lk 13,10-17). Dabei ist die letztgenannte Szene besonders aufschlußreich, wenn Jesus im Zusammenhang mit dieser Heilung sagt: "Diese aber, die ja eine Tochter Abrahams ist und die der Satan schon 18 Jahre gefesselt hielt, sollte nicht von dieser Fessel an einem Sabbat befreit werden?" (Lk 13,16). Abraham galt im Judentum als der Träger aller Verheißungen, als der Stammvater aller Völker und ist als solcher das Symbol für alle Grenzüberschreitung. In dieses Verheißungsbild wird also auch die geheilte Frau einbezogen. Die fast parallele Formulierung in Lk 19,9, auf einen Mann bezogen, ist hier aufschlußreich: Als Jesus dem Oberzöllner Zachäus begegnet und bei ihm einkehrt, sagt er: "Heute ist diesem Hause Heil widerfahren, weil auch er ein Sohn Abrahams ist." "Tochter Abrahams" und "Sohn Abrahams" sind unterschiedslos Verheißungsempfänger, Frauen und Männer sind unterschiedslos Adressaten der Verkündigung der Gottesherrschaft mit all ihren Konsequenzen.

Ganz in der Kontinuität des jesuanischen Ansatzes liegt es dann auch, wenn seit Beginn der nachösterlichen Bewegung Frauen in gleicher Weise als selbstverständliche und gleichberechtigte Mitglieder der Gemeinde gelten und später auch Leitungsfunktionen übernehmen. Paulus trifft in Korinth das römische Ehepaar Priszilla und Aquila und wohnt bei ihnen im Haus. Vom ntl. Befund her hat man sogar den Eindruck, daß in erster Linie Priszilla mit Paulus missionarisch gewirkt hat, daß also die Ehefrau gegenüber ihrem Ehemann die dominierende Rolle in der gemeinsamen Missionsarbeit gespielt hat. Erinnert sei auch daran, daß in Röm 16,7 der dort genannte Name "Junias", der mit apostolischer Funktion verbunden wird, in Wirklichkeit mit höchster Wahrscheinlichkeit eine "Junia" war; ihr Name wurde erst später in einen "Junias" verändert (noch die Kirchenväter kennen nur eine Junia [vgl. zu dem Problem M. Theobald, Römerbrief Kapitel 12 - 16, SKK-NT 6/2, Stuttgart 1993, S. 220-230]). Schließlich nennt Paulus in Röm 16,1f Phöbe in diakonischer Funktion, d. h. aber damals Leitungsfunktion der Gemeinde von Kenchreä (östlicher Hafenort von Korinth).

Kommen wir auf das Verhalten Jesu zu den Frauen zurück, besonders zu denen, die unter Diskriminierung litten. Das ist durch und durch provozierend. Bei Lk ist eine Geschichte überliefert, in der das deutlich wird (Lk 7,36-50): Jesus nimmt an einem Mahl im Hause eines Frommen teil. Ein solches Mahl fand üblicherweise nur unter Männern statt. Vorauszusetzen ist, daß hierbei peinlich genau alle jüdischen Reinheits- und Speisevorschriften eingehalten wurden. Genau zu dieser Männergesellschaft tritt nun eine Frau, die in der

Stadt als Sünderin bekannt ist, und benetzt mit ihren Tränen die Füße Jesu, trocknet sie mit ihrem Haar und salbt sie mit kostbarem Öl.

Sehen wir einmal von den Einzelvorgängen in der uns wahrscheinlich schwer nachvollziehbaren Situation ab, so steht man doch gespannt vor der Frage, wie Jesus sich zu einer Sünderin und damit aus der religiösen Gesellschaft Ausgegrenzten im Hause der kultisch Reinen verhält. Die Frage ist um so dringlicher, als Jesus von dem Pharisäer nicht als irgendwer eingeladen ist, sondern als einer, der religiöse Kompetenz für sich beansprucht. Entsprechend sagt sich, so der Text des Lk, der Pharisäer, es müsse sich jetzt erweisen, ob Jesus ein Prophet sei, seine Reaktion sei die Probe aufs Exempel. Die provozierende prophetische Verhaltensweise besteht nun darin, daß Jesus auf die Frau eingeht, sie also in den Kreis der Frommen "hineinläßt" und ihr die Vergebung Gottes zuspricht. Damit widerspricht er seinerseits der Ausgrenzung und setzt ein Zeichen dafür, was "bedingungslose Zuwendung" bedeutet.

In einer anderen Situation, die uns im Joh-Evangelium überliefert ist (Joh 8,1-11), schützt er eine Ehebrecherin vor den Schriftgelehrten und Pharisäern, indem er diese auffordert, es möge der auf die Frau den ersten Stein werfen, der ohne Sünde sei. Man muß gerade diese Episode im Kontext des zeitgenössischen Rechts lesen, das die vom Mann getrennte Frau mitunter vor schwierige existentielle Situationen stellte.

Unzweifelhaft ist, daß die Frau gerade dadurch in völliger Abhängigkeit vom Mann stand, daß nur er das Recht hatte, sich von der Frau mittels eines Scheidebriefes zu trennen. Zwar war die Gesetzesauslegung im Judentum alles andere als einheitlich, da gerade das Scheidungsrecht sehr unterschiedlich ausgelegt wurde - nämlich von der Möglichkeit, auch bei geringen Anlässen der Frau den Scheidebrief auszustellen, bis hin zu sehr restriktiven Handhabungen -, doch ändert das nichts an der grundsätzlichen Abhängigkeit der Frau. Wurde die Frau aus der Ehe entlassen, war neben ihrer psychischen auch ihre physische Existenz gefährdet, war sie schon um des Überlebens willen gezwungen, sich einen anderen Partner zu suchen. Doch mit dem Eingehen neuer Beziehungen war dann zwangsläufig der Tatbestand des Ehebruchs und der daraus folgenden Ächtung gegeben. Das von Jesus ausgesprochene Scheidungsverbot (Mk 10,1-12), das eine Scheidung ohne Ausnahme verbietet, ist nicht zuletzt unter diesem Gesichtspunkt zu sehen; vor allem ist zu beachten, daß es sich konsequent an den Mann richtet: "Jeder, der seine Frau entläßt, macht sie zur Ehebrecherin, und wer eine Entlassene heiratet, bricht die Ehe" (Mk 10,11). Auf die Problematik des Scheidungsverbots wird später noch zurückzukommen sein. So viel ist für die jetzt anstehende Frage zu sagen: Mit seinem selbstverständlich-kommunikativen Verhalten zu einer gesellschaftlich und religiös diskriminierten Frau und der damit verbundenen Provokation der führenden etablierten Kreise in Israel setzt Jesus neue Maßstäbe. Die Frau ist voll und ganz ernstgenommen, in ihrer Würde als gleichwertig geachtet, der Mann ist gleichermaßen wie die Frau in die Pflicht genommen.

Diese Selbstverständlichkeit äußert sich dann noch in einer weiteren Beobachtung: Anders als jüdische Rabbiner sah Jesus kein Problem darin, in der Öffentlichkeit längere Gespräche mit Frauen zu führen; das ist zwar für uns nicht besonders bemerkenswert, offenbar aber für die Jünger Jesu erstaunlich: Sie "wunderten sich, daß er mit einer Frau sprach" (Joh 4,27). Das wiederum wird verständlich, wenn man eine zeitgenössische Verhaltensregel beachtet: "Man erzähle sich nichts mit der Frau auf der Straße, wegen des Geredes der Menschen."

Bei dieser Sachlage mag es verwundern, daß der Jüngerkreis Jesu doch überwiegend aus Männern besteht, auch die Zwölf sich ausschließlich aus Männern zusammensetzen. Nun ist angesichts der patriarchalen gesellschaftlichen Dominanz zunächst einmal besonders zu gewichten, daß die Frauen in der Jesusüberlieferung überhaupt eine Rolle spielen und dies sich *literarisch* durchgehalten hat. Lk, der im Jüngerbild immer die Zwölf hervorhebt, weiß in 8,1ff zu berichten:

> Die Zwölf begleiteten ihn, außerdem einige Frauen, die er von bösen Geistern und von Krankheiten geheilt hatte ... und viele andere.

Hier haben wir eine relativ enge Zuordnung. Dennoch: die Jüngerschaft im Zwölferkreis fiel doch Männern zu, und auch im weiteren Jüngerkreis überwogen deutlich die Männer - wenigstens so weit sich dies an der Jesustradition ablesen läßt. Gleichwohl ist zu berücksichtigen: Beim Zwölferkreis ging es fast nicht anders. Wenn Jesus mit ihm die Idee verband, im Rückgriff auf die zwölf Stämme Israels und deren Stammväter symbolisch auf die Erneuerung Israels hinzuwirken und ihm seine Heilsmöglichkeit zuzusprechen, *mußte* der Kreis einfach aus Männern bestehen.

Ein anderer Gesichtspunkt ist nicht weniger bedeutsam: Die Jüngerschaft war grundsätzlich mit der *Sendung zur Verkündigung* verbunden. Hier war dann realistisch bei der gesellschaftlichen Unterbewertung der Frau nicht mit deren Akzeptanz durch die potentiellen Adressaten zu rechnen, wichtiger ist aber noch, daß das Risiko für den Wanderprediger, auf den Wegen überfallen zu werden, relativ hoch und für eine Frau kaum zumutbar war. Wir hören bezeichnenderweise von Jüngerinnen auf dem Weg *mit* Jesus, aber weniger von ausgesandten Wanderpredigerinnen. In den später mehr städtischen, stabileren Verhältnissen der sich konsolidierenden Gemeinden treten dann Frauen auch in Leitungsfunktionen zunehmend in Erscheinung (s. o.).

Schließlich ist zu beachten, daß selbst der ursprüngliche, aus Männern bestehende Zwölferkreis keine eigenen Kompetenzen hatte, sondern als Jüngerkreis der Jesusautorität unterstand. Das folgt selbstverständlich aus der Struktur der Jesusgemeinschaft, in der Jesus der ist, der die Seinen auf einen neuen Weg ruft, aber diese ihm dann auf diesem Weg *folgen*. Wie die Autoritätsverhältnisse praktisch aussehen, zeigt eindringlich die Episode vom Rangstreit der Jünger (Mk 10,35-45).

Gegen alle Erwartung steht dann schließlich, daß Frauen es waren, die als einzige Jesus bis zum Kreuz und seiner Hinrichtung folgten. Mk berichtet in seiner Passionsgeschichte, angesichts der Gefangennahme Jesu hätten ihn alle Jünger verlassen, seien geflohen (Mk 14,50) und Petrus habe ihn vor den führenden Kreisen verleugnet (Mk 14,66-72). Frauen aber, die Jesus von Galiläa bis nach Jerusalem gefolgt seien, hätten von weitem das Geschehen der Kreuzigung verfolgt (15,40). Von Maria aus Magdala wird schließlich erzählt, sie habe auch das Geschehen bei der Bestattung Jesu durch Josef von Arimathäa verfolgt (Mk 15,47).

Es ist recht müßig, darüber zu spekulieren, ob Frauen, Petrus oder andere Jünger die primären Empfänger der Ostererscheinungen waren. Es kommt hier nicht auf Zeitpunkte und quantitative Angaben an. Viel wichtiger ist, daß die Überlieferung festgehalten hat, *daß* Frauen aus dem Jüngerkreis Träger des Osterglaubens wurden und diese Botschaft sich durchsetzte, obwohl sie in ihrer Glaubwürdigkeit angezweifelt wurden (vgl. Lk 24,11).

Wenn wir den Gesamtbefund bedenken, wird erkennbar, daß die bestimmenden gesellschaftlichen Raster von Jesus in seinem Verhalten durchkreuzt wurden. Dabei hat Jesus sicher keine emanzipativen

Interessen im heutigen oft zu vordergründigen Sinne verfolgt. Deshalb fragt sich, wie sich seine Position begründet, woher sich sein Verhalten herleiten läßt.

In aller Kürze läßt sich dazu sagen: Jesus geht es um das Geschöpf, um das Recht Gottes auf sein Geschöpf, aber auch darum, daß dieses zu seinem Recht kommt. In diesem Zusammenhang ist m. E. die Frage nach dem Verhältnis Jesu zur Frau zu sehen. Die Diskriminierung der Frau ist ein Zeichen der in Unordnung geratenen Schöpfung. Das patriarchale Herrschaftsdenken widerspricht der Tatsache, daß alle Menschen unterschiedslos Geschöpfe Gottes sind, daß alle auch unterschiedslos Adressaten des göttlichen Heilswillens sind, das patriarchale Herrschaftsdenken widerspricht letztlich der Grundaussage der biblischen Schöpfungserzählung. M. a. W.: In das Programm der Restitution der Schöpfung in Jesu Botschaft von der Gottesherrschaft ist auch die Frau einbezogen, am Verhalten Jesu in dieser Frage zeigt sich die Konsequenz seines Anspruchs.

4. Jesus und die Kirche

Aus der Frage nach Jüngerschaft und Nachfolge ergibt sich notwendigerweise die Frage nach der Kirche. Können Jesus und sein Wirken, in dem das charismatisch-prophetische Element doch so dominierend schien, überhaupt mit dem, was wir institutionell "Kirche" nennen, vereinbart werden? Verbietet sich eine "Kirchengründung" Jesu nicht schon wegen der Erwartung der unmittelbar bevorstehenden Aufrichtung der Herrschaft Gottes?

"Kirche" ist zweifellos ein schillernder Begriff. Für die anstehende Fragestellung ist ganz allgemein darunter - von außen gesehen - eine (wie immer geartete) Organisationsform, von innen eine programmatische Gemeinschaft zu verstehen, welche die Verkündigung Jesu und seiner ersten Anhänger aufnimmt, selbst zu leben und damit im Sinne des Nazareners und in der Überzeugung seines je gegenwärtigen Beistandes geschichtlich wirksam zu bleiben versucht. Das ist zunächst eine "minimalistische" Abgrenzung, die noch weiter gefüllt werden kann. Auszugehen ist von der Tatsache, daß - soziologisch gesehen - die Bildung von programmatischen und auch organisatorischen Strukturen für eine charismatische Bewegung spätestens beim Tod ihres Initiators und Anführers zu einer Notwendigkeit wird. Die auch organisatorische Formierung der jesuanischen Anhängerschaft ist deshalb als "notwendig" zu bezeichnen, weil nur auf diese Weise zu verhindern war, daß die Verkündigung des galiläischen Wanderpropheten nicht zum Versinken in einer ungeschichtlichen, wenn auch ehrenwerten Idee verurteilt war. Dieser Ausgangspunkt sollte bei allen potentiell divergierenden Positionen zum Thema "Kirche" akzeptabel sein. Damit ist allerdings erst eine sehr allgemeine Einsicht gewonnen.

Wenn wir konkreter werden wollen, können wir die Frage prinzipiell von zwei Seiten her angehen:

1) Wir können von der gewachsenen Kirche ausgehen, den Versuch machen, die Bildung ihrer Strukturen auf den unmittelbaren Gotteswillen zurückzuführen und sekundär Begründungen in einer dann notwendig undifferenzierten Lektüre des NT suchen. Z. B. wird man in dieser Sichtweise die Schlüsselgewalt des Petrus aus Mt 16,16ff mit dem später herausgebildeten päpstlichen Primatsanspruch zu identifizieren oder die nachpaulinischen Pastoralbriefe als historische Begründung für die hierarchische Struktur der Kirche heranzuziehen versuchen. Dahinter steht die Methode, biblische Aussagen im Interesse einer Stabilisierung des Faktischen zu funktionalisieren und damit letztlich aus ihrem historischen Kontext herauszulösen, ohne nach ihrer eigentlichen Intention zu fragen. Das Bestehen des Faktischen wäre dann schon der Erweis von dessen (vermeintlich biblisch begründeter) Plausibilität. Gegenwärtige römische Verlautbarungen verfahren nach diesem ungeschichtlichen Denkmuster.

2) Wir können den Versuch machen, das geschichtlich Gewordene zwar wahrzunehmen, aber dennoch zum "Urgestein" vorzustoßen und den historischen Entwicklungsprozeß kirchlicher Strukturen vom geschichtlichen Initiator der Bewegung, also von Jesus selbst her, kritisch auf den Prüfstand zu stellen. Dabei müssen wir zumindest offen sein für die Möglichkeit, daß spätere Entwicklungen sachlich durchaus mit dem Anliegen des Anfangs vereinbar sein können, ohne daß sie von ihrem historischen Initiator auch genau festgelegt wurden. Zusätzlich müssen wir uns darüber klar sein, daß wir ohne das, was wir "Kirche" nennen, die ntl. Schriften in ihrer kanonischen Gestalt nicht lesen, sind sie doch immer schon der Niederschlag von Gemeindebildung. Gleichwohl ist dieser kritische, letztgenannte Weg ungleich offener als das zuerst genannte Verfahren, eher nachkontrollierbar und deshalb auch diskussions- und tragfähiger.

Von der Grundlinie der Verkündigung Jesu wird einsichtig, daß Jesus gar nicht explizit eine "Kirche" etwa im Sinne von Mt 16,17-

19, einem heute nach übereinstimmender Meinung nachösterlicher Gemeindebildung zugesprochenen Wort, gründen wollte. Deshalb hat das bekannte kritische Wort des französischen Theologen Loisy, Jesus habe das Reich Gottes verkündet, gekommen aber sei die Kirche, seine Berechtigung, auch wenn es dem Sachproblem nicht ganz gerecht wird. Die jesuanische Sammlungsbewegung läßt sich nämlich durchaus an den Verkündigungsansatz des Nazareners anbinden, Gottes bedingungslose Zuwendung zu seinem Geschöpf darzustellen und den Menschen in seinem Sozialbezug unter den Anspruch des Schöpfergottes zu stellen.

Damit ist nun nicht gesagt, daß die Kirche auch in ihren geschichtlich gewachsenen Strukturen der Handlungsintention des Nazareners entspricht. Auf fast allen Feldern kirchlichen Lebens lassen sich diesbezügliche Fragen stellen. Genannt seien hier nur das Verhältnis von kirchlichem Amt und der Kompetenz des Volkes Gottes sowie die Rolle der Frau in der Kirche. Hier liegen, biblisch gesehen, nicht zu verschweigende Defizite der geschichtlich gewachsenen Kirche, die auch nicht durch obrigkeitliche Anordnungen aus der angeblich heilen Kirchenwelt geschafft werden können. Bezeichnend ist, daß die Modelle von "Kirche" aus der Frühzeit des Urchristentums bei dessen Etablierung in die römische Gesellschaft weitgehend verdrängt wurden.

Ist "Kirche" als Sammlungsbewegung Jesu das Instrument, auf den Anspruch Gottes zu verweisen, die Erwartung seiner kommenden Herrschaft zu schärfen und auf deren Einbrechen in die Geschichte auszurichten, dann hat sie ihre Existenzberechtigung nur so weit, wie sie sich dem Wort des geschichtlichen Jesus unterstellt sowie auf den kommenden, den Glaubenden beanspruchenden Gott auch tatsächlich verweist. Der Bezug auf den irdischen Jesus ist durch die Auferweckung Jesu und die österlichen Erfahrungen nicht aufgehoben, denn der österlich Auferweckte ist es ja gerade, der die Jünger am Schluß des Matthäus-Evangeliums auf die Worte des Irdischen verpflichtet hat: "Und lehret sie [die Völker] alles halten, was ich euch aufgetragen habe" (Mt 28,20). Auch für Lk, der wie Mt sein Evangelium in den 80er Jahren, also gut 50 Jahre nach Jesu Hinrichtung, verfaßt, sind die Erstzeugen der Jesusbotschaft die Garanten einer zuverlässigen Jesustradition und auf sein Wort verpflichtet.

Das Kriterium der ursprünglichen Jesusbotschaft bedeutet nun nicht, daß die Sammlungsbewegung Jesu ein monolithischer Block sein müßte, in dem es keine Unterschiedlichkeiten geben könnte.

Nachdem sich die Jüngerschaft, ausgelöst durch den Osterglauben, nach dem Karfreitag neu konstituiert und den Anspruch Jesu, für die Herrschaft Gottes zu stehen, aus der Jesus-Tradition aufgegriffen hatte (vgl. Apg 1,6), mußten die urchristlichen Zeugen unter ihren geschichtlichen Voraussetzungen je verschiedene Wege gehen. Als Beispiele seien nur der missionarische Weg der hinter der Logienquelle Q stehenden Wandercharismatiker im ländlichen galiläisch-syrischen Raum und der Weltbürger Paulus mit seiner vor allem auf die Städte und Bildungszentren der hellenistisch-römischen Welt gerichteten Mission genannt. Die Stärke der urchristlichen Sammlungsbewegung liegt nicht zuletzt in ihrer hohen Integrationskraft kulturgeschichtlich unterschiedlicher Traditionen. Das entspricht sachlich sicher der Botschaft Jesu. Das Wort des Paulus "Es gibt nicht mehr Juden und Griechen, nicht Sklaven und Freie, nicht Mann und Frau; denn ihr alle seid einer in Christus Jesus" (Gal 3,28) gibt die jesuanische Vision einer von der Herrschaft Gottes geprägten Welt unübertroffen wieder und bleibt überzeitlich das verbindliche Programm.

Die Frage, ob von der Sache her Jesus und die Kirche miteinander vereinbar sind, erfordert eine Antwort auf verschiedenen Ebenen. Historisch gesehen - und darum geht es hier - ergibt sich aus dem Wirken Jesu heraus schlüssig jene Sammlungsbewegung, an der der Nazarener die vorbehaltlose Zuwendung Gottes zum Menschen darstellte und ihn unter seinen Anspruch stellte, indem er (Jesus) ihn (den Menschen) in seine Nachfolge zur öffentlich-universalen Proklamation der Botschaft von der Gottesherrschaft rief. Ob "Kirche" in der Praxis jeweils Nachfolgerin der Sammlungsbewegung Jesu ist, entscheidet sich je neu daran, ob sie sich der Intention des geschichtlichen Jesus verdankt und die "gefährliche Erinnerung" an ihn nicht scheut oder sich institutionell von sich selbst her versteht. Damit aber verließe sie ihre tragende Basis.

V. Jesus und seine Predigt von der Gottesherrschaft

1. Allgemeine Vorbemerkungen

In verschiedener Hinsicht war schon das Grundthema der Verkündigung Jesu, die Botschaft von der Gottesherrschaft oder auch vom Reich Gottes, angesprochen worden. Erinnert sei an die Zuordnung von Jesus und Johannes oder auch an das für Jesu Selbstverständnis so grundlegende Visionswort vom Satanssturz, vor allem aber an das letzte Kapitel mit den Fragen von Jüngerschaft und Kirche. Wir könnten denn auch fast bei jedem Punkt des Wirkens Jesu ansetzen - immer wären wir mit der Gottesreichpredigt des Nazareners befaßt, direkt oder indirekt.

Für uns Heutige mag der Begriff ein wenig abstrakt und in lebenspraktischer Hinsicht nur begrenzt aussagefähig sein. Doch ist er das in Wirklichkeit ganz und gar nicht. Mit der Rede von der Gottesherrschaft wird vom Menschen aus zunächst zugestanden, daß die erfahrene Welt Mängel hat, daß sie von Begrenzungen und Fehlerhaftigkeit betroffen ist, daß sie ihren Sinn nicht in sich selbst findet, sondern auf Erfüllung jenseits ihrer eigenen Möglichkeiten ausgerichtet ist. Heinrich Böll sprach in seinen eingangs erwähnten Überlegungen von dem Gefühl, auf der real existierenden Welt nicht eigentlich zu Hause zu sein, sondern von Perspektiven zu leben, die über sie hinausweisen.

Jesus steht mit seiner Verkündigung diesem Existenzverständnis gar nicht so fern, nur denkt er radikal von *Gott* her - für den in die Jahwe-Religion eingebundenen Menschen der jüdischen Antike eine Selbstverständlichkeit. Uns verbindet mit dem Denkansatz Jesu die Offenheit für die Zukunft, die Hoffnung auf die je größere Zukunft. Jesus und der Israelit seiner Zeit konnten von der Zukunft nur etwas erwarten, indem sie diese allein Gott zutrauten. Damit wird sich der durchschnittliche Zeitgenosse des ausgehenden 20. Jh. möglicherweise schwerer tun. Ob das Vertrauen in die menschliche Gestaltungsfähigkeit der Zukunft indes so begründet ist, sei zumindest dahingestellt. Aber der Vorwurf der Vertröstungsstrategie auf ein besseres Jenseits, der das auf dem Jesusglauben gründende Christentum in seiner ganzen Geschichte begleitet, ist nicht zuletzt auf die Unfähigkeit zurückzuführen, vom Optimismus der Schaffung einer neuen Welt mit den Möglichkeiten der Welt Abstand zu nehmen und tatsächlich Gott das Wesentliche zuzutrauen. Aber daß mit dem Reich Gottes nicht eine Jenseitigkeit ohne die Gegenwart gemeint ist, macht Jesus selbst unmißverständlich klar. Jesus verweist bewußt nicht nur auf eine ausstehende, von Gott erst noch zu schaffende Zukunft, sondern verbindet mit seiner eigenen Person schon deren Gegenwart und Gottes künftig einbrechende Herrschaft. Das, was Gott und seine Welt bedeuten, ereignet sich in seinem Wirken, zumindest in Ansätzen und für jedermann schon jetzt erfahrbar. Wohl bindet auch Jesus das Geschehen, das die Wirklichkeit der von Leid, Unrecht und Unfreiheit gezeichneten Welt überwindet, ganz an Gott, aber er setzt in seinem Wirken, so sein Anspruch, im Namen Gottes den Anfang. Natürlich bietet die reale Welt Jesu noch nicht das "Zu Hause" im Sinne Bölls, aber er begründet, so wie er der krisenhaften Welt begegnet, die Hoffnung auf eine erneuerte Wirklichkeit und die Möglichkeit für den Menschen, dieses Leben mit seinen dem gegenwärtigen Zustand gegenüber neuen Maßstäben jetzt schon zu riskieren. In der mythischen Begriffswelt Jesu ausgedrückt, läßt sich das so sagen: Weil Gott mit der Durchsetzung seiner Herrschaft begonnen und infolgedessen den Satan aus den himmlischen Bereichen (Lk 10,18) gestürzt hat, kann Jesus als Beauftragter Gottes in prophetischer Vision dieses Geschehen auch für die Welt ankündigen und sich selbst in dasselbe eingebunden wissen, mehr noch: kann Jesus an Gottes Stelle und von ihm legitimiert mit dem befreienden Handeln beginnen.

Durch die Person des irdischen Jesus wird die Einseitigkeit einer rein jenseitig strukturierten Konzeption der Gottesherrschaft aufgebrochen, aber andererseits auch das utopistische Mißverständnis menschlicher Machbarkeit vermieden. Mit seiner Rede von der Gottesherrschaft bezeichnet Jesus also ein Geschehen, das er als von Jahwe kommend versteht und für dessen Realisierung er mit seiner ganzen Person steht und einsteht.

Da dieses Geschehen mit der Welt, also eben auch seiner Welt, verbunden ist, muß Jesus zur Vermittlung seiner Sache ein sprachliches Feld aufgreifen, das seinen Zeitgenossen verständlich war und mit dem er das Eingreifen Gottes ins Weltgeschehen verbinden konnte, mit dem aber auch die Empfänger seiner Predigt ihren eigenen Hoffnungsentwurf in Zusammenhang zu bringen vermochten. Das gelingt ihm mit dem Begriff "Gottesherrschaft" (griech. Basileia).

Welche Verbindungen zieht also der Zeitgenosse Jesu mit dem Begriff? Zwar spricht das Judentum und seine Tradition nicht einheitlich von "Herrschaft Gottes", oder "Königtum Gottes", aber z. Zt. Jesu weckt der Begriff vornehmlich doch Assoziationen, die sich mit der realen Unterdrückungserfahrung durch die Heidenwelt und der Hoffnung auf die Zuwendung Jahwes zu Israel verbinden.

2. Königsherrschaft Gottes im Alten Testament und im Judentum

Bereits vor der Staatenbildung Israels, also schon im 2. Jt. v. Chr., ist die gedankliche Verbindung des Königtums mit der Gottheit verbreitet. Sowohl in Mesopotamien als auch in der kanaanitischen Umwelt des werdenden Israel kannte man den obersten Gott als König. In Kanaan wurde dann noch zwischen dem Gottkönig El als Schöpfer der Götter und Baal als dem Bezwinger des Chaos sowie Erhalter der Welt unterschieden. Israel mußte sich mit den kanaanitischen Vorstellungen auseinandersetzen, als es nach der Landnahme mit der Umwelt in ständiger Berührung und kulturellem Austausch stand; es hatte dann wohl auch erst im Zuge der Etablierung als gesellschaftliche Größe die Prädikation Jahwes als König aufgenommen und entwickelt. Nicht die Götter Kanaans sind Könige, sondern Jahwe vereinigte nun alle Qualitäten des Königtums der Götter auf sich.

Mit der Entmachtung der Götter und ihrer Kompetenzen war konsequenterweise eine umfassende Universalisierung verbunden, da man sich nun Jahwe als König der Völker vorstellte:

> Verkündet bei den Völkern: Der Herr ist König. Den Erdkreis hat er gegründet, so daß er nicht wankt. Er richtet die Nationen so, wie es recht ist (Ps 96,10).

Dieser Universalitätsgedanke hinderte aber nicht daran, Jahwes Königtum auf *Israel* gerichtet zu beziehen, im Gegenteil: Nach der Errichtung des Tempels in Jerusalem in salomonischer Zeit konnte Jahwes Universalherrschaft mitten in der heiligen Stadt auf dem Zion lokalisiert werden:

> Der Herr ist König: Es zittern die Völker. Er thront auf den Kerubim: Es wankt die Erde. Groß ist der Herr auf Zion, über alle Völker erhaben (Ps 99,1f).

Es ist sicher nicht zufällig, daß der Gedanke des Königtums Gottes im Horizont der euphorischen Erinnerung an die Etablierung Israels inmitten der Völkerwelt gewachsen ist. Das ist kein Triumphalismus, denn das Motiv ist auch vorzüglich geeignet, den *Anspruch Jahwes* auf die Herrschaft über sein Volk zum Ausdruck zu bringen.

> So wahr ich lebe - Spruch Gottes, des Herrn: Ich will mit starker Hand und hoch erhobenem Arm über euch als König herrschen und dabei meinen Zorn über euch ausgießen (Ez 20,33).

Schon früh wird Israel die Leugnung des Königtums Gottes vorgeworfen, wenn Jahwe zu Samuel spricht:

> Denn nicht dich haben sie verworfen, sondern mich haben sie verworfen: Ich soll nicht mehr ihr König sein (1 Sam 8,7).

Aber das Königtum Jahwes bezieht sich nicht nur auf Israel und die Nationen, sondern auf den ganzen Kosmos:

> Der Herr ist König. Die Erde frohlocke. Freuen sollen sich die vielen Inseln. Seine Blitze erhellen den Erdkreis; die Erde sieht es und bebt. Berge schmelzen wie Wachs vor dem Herrn, vor dem Antlitz des Herrschers aller Welt (Ps 97,1.4f).

Findet sich die Erfahrung des alten Israel als von Jahwe erwähltes Volk in der Rede vom Königtum Jahwes wieder, so ist die Frage zu stellen, in welchem Verhältnis zum theologischen Königsgedanken Israel in oder nach dem Exil stehen kann. Denn das gedemütigte Volk des 6. Jh. v. Chr. erlebt in seiner Situation genau das Gegenteil von dem, was die Universalität des Jahwe-Königs in Raum und Zeit vor dem Exil ausmachte. Bezeichnenderweise läßt Israel den Gedanken des Gott-Königtums nicht fallen, sondern bringt ihn neu zur Geltung: Deuterojesaja (Dtjes), der während des Exils Mitte des 6. Jh. v. Chr. in Babylonien schreibende Prophet (Jes 40-55), versucht mit dem Jahwe-König-Motiv seine im Glauben gefährdete und von den babylonischen Gottheiten faszinierte Judengemeinde zu stabilisieren:

> So spricht der Herr, Israels König, sein Erlöser, der Herr der Heere: Ich bin der Erste, ich bin der Letzte, außer mir gibt es keinen Gott (Jes 44,6).

Nicht die babylonischen Götter, so Dtjes, bestimmen die Geschichte, wie es vordergründig den Anschein hat, sondern Jahwe als Herr der Völker in seiner Zuwendung zum nun verstreuten Israel. Dennoch ist die konkrete Erfahrung Israels im Exil natürlich eine gänzlich andere als die während der Konsolidierungsphase nach der Landnahme. Es ist deshalb nur folgerichtig, daß das Motivfeld des Königtums Gottes nun in den Horizont der *Verheißung* des Heils rückt. Das ist keine Vertröstung, sondern trägt der realen Erfahrung Rechnung und überspielt die Gegenwart nicht. Die reale Erfahrung stellt sich aber darin dar, daß die bisherige Geschichte ihre Lebenskraft verloren hat und sich Perspektiven nur mit völlig Neuem verbinden. Deshalb betont Dtjes das schöpferische Handeln Jahwes:

> Denkt nicht mehr an das, was früher war; auf das, was vergangen ist, sollt ihr nicht schauen. Seht her, nun mache ich etwas Neues. Schon kommt es zum Vorschein, merkt ihr es nicht? (Jes 43,18f).

Das betrifft das künftige Handeln Gottes, aber die Gewißheit dessen stützt sich auf dessen Handeln in der Vergangenheit, ist letztlich schöpfungstheologisch begründet:

> Weißt du es nicht, hörst du es nicht? Der Herr ist ein ewiger Gott, der die weite Erde erschuf (Jes 40,28).

Königtum Gottes und Gottes Schöpfungswirken werden also hier zusammengesehen. Dem Menschen, dem der theologische Sinn der Geschichte abhanden gekommen ist, soll er neu erschlossen werden. Aber das läßt sich wirklich nur auf der Ebene der Verheißung aussagen, die eben in Gottes einstigem Handeln ihre Begründung findet. Die Verheißungsstruktur des Begriffes "König-Jahwe" und das mit ihm gemeinte Kommen des Heils bringt es dann mit sich, daß die Durchsetzung der Königsherrschaft Gottes über die Idee des messianischen Reiches hinausgeht. Die theologisch verstandene Geschichte hat Israel gelehrt, daß Gottes Königtum nicht in einer politischen Freiheitsgeschichte aufgeht, sondern kosmische, zeitliche und individuelle Auswirkungen hat, die auf einer anderen als der nur realpolitisch erfahrbaren liegen.

Die aufgewiesene Grundlinie in der Vorstellung vom Königtum Gottes zeigt eine erstaunliche sich über die Zeiten durchhaltende Linie in der Qualifizierung Jahwes als König. Mit ihr konnte sich Israel des Schöpfers Jahwe erinnern, konnte deshalb der Glaube an die heilvolle Präsenz Jahwes, die Hoffnung auf eine Offenbarung der Herrschaft Gottes zur Rettung Israels vor den Heiden sowie die Aufrichtung seiner universalen Herrschaft zum Ausdruck gebracht werden. Es ist deshalb kein Wunder, daß dieses sprachliche Feld aktuell blieb in der Erfahrung der Übermacht des - zumindest subjektiv so wahrgenommenen - widergöttlichen Heidentums, das für mehr als nur politische Unterdrückung steht.

Die Universalität der Gottesherrschaft und ihre Beziehung zu Israel sind keine Gegensätze, sondern korrespondieren einander. "Universalität" ist allerdings ein schillernder Begriff und auf die jeweiligen historischen Situationen zu beziehen. In der eben skizzierten Lage der Judengemeinde im babylonischen Exil bedeutet der Gedanke die Überlegenheit Jahwes über die *fremden Götter*, in der Zeit der hellenistisch-römischen Fremdherrschaft nach Alexander d. Gr. bedeutet "Universalität" eher die Überlegenheit Jahwes über die *Fremdherrscher*, die die Identität des jüdischen Volkes bedrohen. Exemplarisch sei hier Jes 33,17-24 genannt, ein dem ursprünglichen Jesajabuch (1-39) wahrscheinlich in persischer oder hellenistischer Zeit hinzugefügter Text:

> Deine Augen werden den König in seiner Schönheit erblicken, sie sehen ein weites Land.
> Dein Herz denkt an die (früheren) Schrecken zurück: Wo ist der, der damals zählte,
> wo ist der, der abwog? Wo ist der, der die Türme gezählt hat?
> Du wirst das freche Volk nicht mehr sehen, das Volk mit der dunklen, unverständlichen Sprache, mit den gestammelten, sinnlosen Worten.
> Schau auf Zion, die Stadt unserer Feste! Deine Augen werden Jerusalem sehen,
> den Ort der Ruhe, das Zelt, das man nicht abbricht,
> dessen Pflöcke man niemals mehr ausreißt, dessen Stricke nie mehr zerreißen (Jes 33,17-20).

Hier wird von der Offenbarung des Königs Jahwe in seiner ganzen Herrlichkeit gesprochen, die sich in der Verbannung der Unterdrükker auswirkt. Gerade darin erweist sich Jahwe als der König *Israels*, daß die Befreiung von den Unterdrückern das Heil für Israel bedeutet. Diese Entwicklung war fast zwangsläufig: In einer Zeit, wo in der hellenistisch-römischen Antike die angestammte heidnische Religion ihre Kraft verlor und durch die Vergöttlichung von Herrschern ersetzt wurde, konnte und mußte Israel die Einzigkeit Jahwes zur Stärkung der eigenen Identität betonen und konnte das vorzüglich in dem von der eigenen Tradition her abgeleiteten Begriff der Königsherrschaft Gottes. Zahlreiche jüdische Texte aus der Zeit der verschiedenen Fremdherrschaften über Israel bezeugen das Bekenntnis zur Königsherrschaft Gottes gerade in der Unterdrückungserfahrung und die Solidarität Jahwes mit Israel. Die Grundüberzeugung ist dabei immer, daß Jahwe selbst kommen wird, um sein Königtum und seine Herrschaft in aller Fülle zu offenbaren.

Freilich - wenn das unter der Fremdherrschaft leidende Israel das Königtum Gottes bekennt, dann eben in der Erfahrung des Verlustes des Heils und in der *Hoffnung* auf die Offenbarung Gottes. Das setzt aber gedanklich voraus, daß Jahwe selbstverständlich im Himmel herrscht und dieses Königsein im Himmel ungebrochen ist, es also von da offenbart werden kann.

Wie kann dann aber das Judentum zwischen Exil und Zeitenwende die geglaubte Herrschaft Gottes im Himmel und die Hoffnung auf deren Durchsetzung auch hier auf der Erde in einen sinnvollen konkreten Zusammenhang bringen? Die Realität spiegelt doch genau das Gegenteil wieder! Hier hat der *Kult* eine ganz wesentliche Funktion. Denn der Tempel ist die Brücke, die die irdische und himmlische Welt zusammenführt und in dieser Funktion das Bekenntnis zu Jahwe ermöglicht, wie es in vielen Jahwe-König-Psalmen geschieht:

> Bringt dar dem Herrn, ihr Himmlischen, bringt dar dem Herrn Lob und Ehre!
> Bringt dar dem Herrn die Ehre seines Namens, werft euch nieder vor dem Herrn in heiligem Schmuck!
> Die Stimme des Herrn wirbelt Eichen empor, sie reißt ganze Wälder kahl. In seinem Palast rufen alle: O herrlicher Gott!
> Der Herr thront über der Flut, der Herr thront als König in Ewigkeit.
> Der Herr gebe Kraft seinem Volk.
> Der Herr segne sein Volk mit Frieden (Ps 29,1-2.9-11).

Dieser Aspekt des Zusammenhangs von Königtum Gottes und Kult scheint im Frühjudentum besonders präsent gewesen zu sein. Als Beispiel sei ergänzend Ps 103,19-22 (spät nachexilisch) angeführt:

> Der Herr hat seinen Thron errichtet im Himmel, seine königliche Macht beherrscht das All.
> Lobt den Herrn, ihr seine Engel, ihr starken Helden, die seine Befehle vollstrecken, seinen Worten gehorsam!
> Lobt den Herrn, all seine Scharen,
> seine Diener, die seinen Willen vollziehen!
> Lobt den Herrn, all seine Werke, an jedem Ort seiner Herrschaft! Lobe den Herrn, meine Seele!

Die großen jüdischen Tempelfeste lassen noch hinreichend die hohe Sensibilität für die Bedeutung des Kultischen erkennen. Das wird neben späten biblischen durch Texte des außerbiblischen Judentums ausgezeichnet belegt. Zwar ist - trotz der dargestellten Grundlinie des Gedankens der Gottesherrschaft in nachexilischer Zeit - das Motivfeld der Gottesherrschaft in der frühjüdischen Literatur nicht das Zentralthema, also nicht von der einzigartigen Bedeutung wie später für die Jesusverkündigung, anders aber liegt die Sache in Qumran, und hier besonders in den seit einiger Zeit erschlossenen und jüngst durch J. Maier in deutscher Übersetzung vorgelegten "Sabbatliedern" (J. Maier, Die Qumran-Essener: Die Texte vom Toten Meer, Bd. II [UTB 1863], München/Basel 1995). Hier tritt der Begriff "Königtum Gottes" auf breiter Ebene in den Vordergrund, und zwar konstitutiv im Zusammenhang mit dem Kult, aber unabhängig vom politischen Kontext. Diese Lieder betonen ganz einseitig den himmlischen Ort der universalen Gottesherrschaft. Die Gemeinde weiß um das unausweichliche Ende des Tempels in Jerusalem angesichts der von ihr so gesehenen gottlosen Symbiose von weltlicher und geistlicher Macht in der Amtsführung der Jerusalemer Priesterschaft. Wegen dieses ihrer Meinung nach nicht mehr korrigierbaren Frevels der Jerusalemer Hierarchie war die Qumran-Gruppe ja ans Tote Meer "ausgewandert" und feierte ihren Gottesdienst als "Ersatz-Tempelkult" in der Gewißheit, durch ihre Liturgie als Feier der Gemeinschaft mit den Engeln Anteil am himmlischen Tempel zu haben. Der gedankliche Hintergrund ist der, daß angesichts der innerisraelitischen Verweltlichung der religiösen Grundvollzüge die Gottesherrschaft nur noch jenseitig wahrgenommen, aber im himmlischen Hofstaat der Engel präsent gedacht werden kann. In ihrer gottesdienstlichen Praxis nimmt die Qumran-Gemeinde teil am himmlischen Engelkult. Hier wird für sie die Königsherrschaft Gottes konkret.

Eines der schönsten Zeugnisse der gottesdienstlichen Lieder in der Qumran-Sabbatliturgie ist das folgende (4 Q 400,2 [Übersetzung nach Klaus Berger, Psalmen aus Qumran, Stuttgart 1994, S. 150]):

Wunderbar lobpreisen sie deine Herrlichkeit
und die der allwissenden Gottwesen
und deine staunenswerte Königsherrschaft
im Allerheiligsten,
die verherrlicht werden
in allen Heerlagern der Gottwesen
und voll Ehrfurcht verehrt von menschlichen Gemeinden,
da sie ein Wunder sind unter Gottwesen und Menschen.
Und sie erzählen,
wie sie den Glanz seiner Königsherrschaft erfuhren,
und sie rühmen seine Herrlichkeit
in allen Himmeln seiner Königsherrschaft.
Und in all den erhabenen Höhen
singen sie wunderbare Psalmen,
so wie sie es verstehen.
Und sie erzählen
von der glanzvollen Herrlichkeit
des Königs der Gottwesen,
dort wo sie wohnen und sind.
Wie soll man uns zu ihnen rechnen können?
Was gilt unser Priestertum an ihrem Ort?
Und wie kann man unsere Heiligkeit vergleichen
mit ihrer überragenden Heiligkeit?
Was ist das Lobopfer unserer aus Staub geformten Zunge
angesichts der Erkenntnis der Gottwesen?
Laßt uns verherrlichen den allwissenden Gott,
denn sein Verstehen übersteigt
das Verstehen all derer, die allwissend sind.

Idealtypisch entsprechen sich hier himmlischer Kult und irdische Gemeindeliturgie, im Gottesdienst wird für die Gemeinde erfahrbar, was Königsherrschaft Gottes im räumlichen Sinne als Gottes Herrschaftsbereich bedeutet. Oder anders ausgedrückt: Die Gemeinschaft mit den Engeln versetzt die Qumran-Gemeinschaft in die Lage, in der Liturgie an der Königsherrschaft Gottes im Himmel zu partizipieren. Darin, daß die Gemeinde in der Liturgie die Königsherrschaft Gottes im Himmel und ihre Teilhabe an derselben feiert, bringt sie ihre Hoffnung auf die Realisierung der Gottesherrschaft auch in der irdischen Welt zum Ausdruck, so daß der neue Tempel auf dem Zion begründet erwartet werden kann.

3. Die Predigt von der Gottesherrschaft und Jesu Anspruch

Wenn wir nach der Vorstellung des Königtums Gottes in der *Verkündigung Jesu* fragen und diese in ihren Voraussetzungen und inneren Strukturen verstehen wollen, müssen wir auf den breiten israelitisch-jüdischen Traditionshorizont dieses Bildwortes achten. Es handelt sich um einen gleichnishaften Ausdruck, der auf eine hinter ihm liegende Wirklichkeit aufmerksam machen will, der deshalb auch vorzüglich in der Form der Gleichnissprache zum Verstehen gebracht werden kann. Das wird später noch eigens behandelt (Kap. V., 4).

Kommen wir einstweilen noch einmal auf den Gedanken der Universalität der Königsherrschaft Gottes in der gleichzeitigen Hinordnung auf Israel zurück. Jesus gibt die Israel-Orientierung der Herrschaft Gottes nicht auf, ist der Begriff "Königtum Gottes" doch genuin auf dem Boden Israels gewachsen. Die Berufung des Zwölferkreises ist zusätzlich ein wesentlicher Beleg dafür, daß Jesus das Zwölfstämmevolk in seiner Verkündigung im Blick hatte. Insofern konnte Jesus an die jüdische Erwartung anknüpfen, daß Gott kommen und seine Herrschaft universal durchsetzen werde. Allerdings wäre es eine Verengung des Blickwinkels, wenn wir Jesu Botschaft nur auf das vorfindliche Israel ausgerichtet sähen. Denn im Konsens mit dem Täufer hatte Jesus den Israeliten das für ihr eigenes Selbstverständnis konstitutive Erwählungsprivileg bestritten (Mt 3,9) und das künftige Heil grundsätzlich allen angeboten, auch und gerade denen, die ihr Leben nach Auffassung der priesterlichen Hierarchie oder auch der reinheitsbeflissenen Pharisäer verwirkt hatten. Daß die Zugehörigkeit zum israelitischen Volk an sich noch nichts für eine Heilszukunft bedeutete, hatte zudem schon seit geraumer Zeit die apokalyptische Theologie des Judentums mit der Begründung vertreten, Israel habe seine Heilsgeschichte verspielt und damit seinen Vorrang unter den Völkern verloren. Wenn wir also Jesus sich zwar an Israel wenden sehen, müssen wir doch unterscheiden zwischen dem, was das real existierende Israel im eigenen Selbstverständnis bedeutet, und dem, was Jesus selbst mit "Israel" verbindet. Das kann sich höchst unterschiedlich darstellen. Zuwendung zu Israel und Offenheit für die Heiden sind für Jesus keine Gegensätze, sondern bilden für ihn eine Einheit. Nicht zufällig fehlt in der Gottesreich-Verkündigung jeder heidenkritische Aspekt, sieht Jesus im Gegensatz zu weiten Kreisen der atl.-jüdischen Tradition das Eintreten der Gottesherrschaft nie in der Befreiung von heidnischer Herrschaft. Gottesherrschaft für Israel ist im Verständnis Jesu nicht gleichbedeutend mit der Unterwerfung der Heiden, schon gar nicht einer enthusiastischen Zions-Theologie. Das ist nicht das Thema Jesu. Diese Differenz läßt ein hohes Maß an Unabhängigkeit in seinem Denken von den Vorgaben seiner Glaubenstradition erkennen.

Von dieser Unabhängigkeit her erklärt sich in der Konsequenz ein Grundaspekt in der jesuanischen Konzeption der Königsherrschaft Gottes, der sich für den Nazarener folgenreich auswirken sollte: Wir hatten gesehen, daß bei der Durchsetzung des Gedankens des Königtums Gottes schon im vorexilischen Israel vor allem im Zusammenhang mit dem salomonischen Tempelbau die Zentrierung auf den Zion und damit auf die Tempeltheologie die maßgebliche Rolle spielte. Diese tempelkultische Assoziation hat sich konstant über die Jahrhunderte trotz aller geschichtlichen Umwälzungen erhalten. Wir hatten vor allem gesehen, wie fundamental für das nachexilische Israel und - literarisch gut faßbar - besonders für die Qumran-Gemeinde die Verbindung von Königsherrschaft Gottes und Kult war und wie sehr sich gerade die Teilhabe der Gemeinde an der Herrschaft Gottes im Vollzug des Gottesdienstes realisierte. Gerade die Liturgie als Anteilnahme an der Königsherrschaft Gottes ist nicht nur in Qumran - da aber in ausgeprägter Form - die entscheidende Identitätserfahrung der Gemeinde als das wahre Israel der Endzeit, bevor, so der Glaube nicht nur des qumran-essenischen Judentums, Jahwe kommt und seine im Himmel schon präsente Herrschaft auch auf Erden durchsetzt. Mit den Qumran-Essenern, aber vorher auch schon mit den zion-zentrierten Psalmen haben wir in dieser Frage festen Boden unter den Füßen, der uns eine recht sichere Basis für die Interpretation des Begriffsfeldes durch Jesus ermöglicht.

Wenn Jesus den Begriff der Gottesherrschaft aufgreift und zum zentralen Inhalt seiner Verkündigung macht, ist bei seinen Adressaten der kultische Verständniskontext vorauszusetzen. Vorauszusetzen ist auch die prophetische Botschaft des Deuterojesaja (Jes 40-55) mit ihrem schöpfungstheologisch auf die Zukunft ausgerichteten, von Jahwe schon eingeleiteten Geschehensprozeß der Königsherrschaft Gottes als geschichtlicher Heilstat für Israel und der Überwindung aller heidnischen Mächte. Vorauszusetzen ist auch die apokalyptische Vision, daß Gott in unmittelbarer Zukunft die als völlig heillos gedeutete Gegenwartsgeschichte an ein Ende bringen, eine neue Geschichte heraufführen und den Gerechten in und über Israel hinaus eine ganz neue Zukunft bereiten werde.

Kontinuität zu diesen Vorgaben besteht zunächst darin, daß auch Jesus von der Herrschaft *Gottes* und von der Erwartung, daß *Jahwe* zur Durchsetzung seiner Herrschaft kommen wird, spricht. Prinzipielle Kontinuität besteht auch darin, daß Jesus den Zukunftsaspekt so sehr betont und in Israel den Adressatenkreis des erwarteten göttlichen Heilshandelns sieht.

Aber hier beginnt gleichzeitig das Neue der Vorstellung von der Königsherrschaft Gottes bei Jesus. Die Herrschaft Gottes liegt nicht allein in der Zukunft, nicht fern von der Gegenwart, sondern sie ist schon eingeleitet, aber anders als im Verständnis weiter Teile des Judentums nicht prinzipiell in der kultischen Praxis erfahrbar, sondern allein in der Person Jesu und seinem Wirken selbst:

Jesus weiß sich in seiner Verkündigung im Auftrag Jahwes, den Beginn des Heilshandelns Gottes auf Erden zur Aufrichtung seiner Herrschaft zu vollziehen. Er erhebt den Anspruch, exklusiv für die Herrschaft Gottes auf Erden zu stehen, diese einzuleiten und die Teilhabe an ihr folgerichtig von der Bejahung seiner Person und seiner Botschaft abhängig zu machen.

"Wenn ich aber die Dämonen durch den Finger Gottes austreibe, dann ist doch das Reich Gottes schon zu euch gekommen" (Lk 11,20) - dieses auf Jesus zurückgehende Wort faßt seinen Anspruch präzise zusammen. Damit ist notwendig die Esoterik qumranischer Prägung aufgesprengt. Vor allem ist grundsätzlich die Heilserfahrung, die jüdischerseits spätestens seit dem Exil mit dem Kult und seinen Ritualvorschriften verknüpft wurde, an die geschichtliche Person und Verkündigung des Nazareners gebunden. Himmlische und irdische Realität kommen *in der Person Jesu* als Heilserfahrung zusammen. Auch wenn das himmlische Heilsgeschehen auf Erden noch nicht vollgültige Realität ist, sondern wesentlich noch im Horizont der Verheißung verbleibt, ist es nicht einfach irreal, sondern "da", demjenigen, dem Jesus begegnet und der sich ihm öffnet, zugeeignet. Aber auch die apokalyptische Vision von der neuen Geschichte ist ins Jetzt hineingenommen und nicht erst auf die reine Zukunft verlagert. Um noch einmal den in der Einleitung zitierten Gedanken Heinrich Bölls aufzunehmen: Dieses woanders "Beheimatetsein" läßt sich dem Anspruch Jesu entsprechend auf seine Existenz und Rolle im Weltgeschehen beziehen. Die "andere Welt" wird von ihm inhaltlich definiert - nur wird sie faktisch in dieser Geschichte nicht verstanden.

Damit ist aber auch der Konflikt vorprogrammiert. Die geistliche und politische Führung am Jerusalemer Tempel mußte sich als erste vom Anspruch Jesu auf die Repräsentanz der Gottesherrschaft herausgefordert fühlen, zumal sie mit der Relativierung der hohen Bedeutung des Kultes und damit der priesterlichen Kompetenz verbunden war. Die Entwicklung in den Jerusalemer Tagen (s. Kap. VI) ist insofern konsequent. Wenn Jesus in sich selbst das Medium der Aufrichtung von Gottes Herrschaft und diese nicht mehr an den kultischen Vollzug gebunden sah, konnte und mußte dieser Schritt als bedrohliche Herausforderung wahrgenommen werden. Hier wird nichts weniger als der Nerv jüdischen Heilsverständnisses getroffen. Nicht nur, daß Jesus für sein eigenes Wirken reklamierte, was nach jüdischem Verständnis nur Gott vorbehalten war, sondern daß er sich selbst auch noch an die Stelle des Glaubenskonsenses aller einflußreichen religiösen Gruppierungen in Israel setzte.

Im eigenen Verständnis tritt Jesus damit keinesfalls aus seinem jüdischen Kontext heraus, aber er setzt sich diesem Mißverständnis der jüdischen Religionsführung aus und schafft faktisch die Basis für die tödlichen Konsequenzen, die auf ihn in Jerusalem warten sollten. Das bedeutet nicht notwendigerweise, Jesus habe schon selbst von vornherein diese Entwicklung in die Konzeption seiner Heilsbotschaft einbezogen, denn er mußte mit dem Anspruch, Funktionsträger der Herrschaft Gottes zu sein, die Überzeugungsfähigkeit von seiner Sendung verbinden. Er mußte damit auch die Option verbinden, mit eigener Autorität den Zusammenhang von Gottesherrschaft und Befreiung von den Heiden aufzulösen, ja die Heiden in sein Heilswerk einzubeziehen und dieses Ziel seines Wirkens akzeptabel zu vertreten. Daß die Kreise, die sich als seine Gegner herausbilden sollten, hier die entscheidende Gefahr für die Integrität der Tradition sehen mußten, steht auf einem anderen Blatt.

Mit der Botschaft Jesu von der Gottesherrschaft ist nun eine wichtige Konsequenz verbunden: Die Rede von der Basileia ist eine Redeweise, die auf ein *Geschehen* hinweist, es beschreibt, eine Metapher, die nur dann verständlich, nur dann "wahr" wird, wenn die Person gesehen und akzeptiert wird, die sie spricht. Die Basileia ist also kein objektiver "Gegenstand", sondern ein Geschehen, das angemessen nur in der Erzählung zum Verstehen gebracht werden kann, aber auch erst dann, wenn die Erzählung selbst zum Geschehen wird.

4. Die Predigt von der Gottesherrschaft als Gleichnisrede

Wenn man den letztgenannten Gesichtspunkt bedenkt, ist es kein Zufall, daß Jesus von der Basileia besonders bevorzugt *in Gleichnissen* spricht. Das Gleichnis scheint ihm die *der Sache angemessene Redeweise* zu sein. Zwar sind die Gleichnisse, die die Basileia thematisieren, noch nicht einmal so besonders zahlreich, doch sind eine Reihe von ihnen in den Horizont der Gottesreich-Verkündigung einzubeziehen, weil sie nur vom Ausgangspunkt der angebrochenen Basileia ihre Sinnhaftigkeit in sich tragen. So ist z. B. in der Sämanngeschichte Mk 4,3ff begrifflich nicht von der Basileia die Rede, aber der Kontrast von Mißerfolg und Erfolg, der in der Geschichte bestimmend ist, wird doch erst in Jesu perspektivischer Rede von der Basileia und ihrer Durchsetzbarkeit sinnvoll. Wenn Jesus mit der Rede von der Gottesherrschaft unter Inanspruchnahme seiner Person die Nähe Gottes zu Welt und Geschöpf in den Mittelpunkt stellt, ist das Gleichnis die adäquate Redeweise, sofern man in diesem nicht nur eine bestimmte Aussage*form* sieht, die auf den *Begriff* zu bringen ist.

In der Gleichnisforschung sind in den letzten Jahrzehnten viele Wege beschritten worden. Das ist insofern sachlich begründet, als ein Gleichnis eben nicht mit dem Begriff zu verwechseln ist und daher notwendig in einen Verstehensprozeß einzugehen hat, der stetig nach vorne hin *offen ist*, vor allem auch unterschiedliche Verstehenszugänge ermöglicht. Der ergiebigste Zugang für das Gleichnisverständnis scheint mir die *Metapherebene* zu sein, wobei "Metapher" ihre Bedeutung nicht nur im Sinne eines übertragen verstandenen Wortes aufzufassen ist (z. B. in der politischen Sprache: "Die Kuh ist vom Eis"), sondern ihr ihre Eigenständigkeit zu lassen ist, weil nur so ihr lebendiger Sinn ausgeschöpft werden kann.

Wenn man den genannten Satz "Die Kuh ist vom Eis" in einer Definition auf den Begriff bringt, wird er überflüssig. Man kann dann z. B. auch einfach sagen: "Die Verhandlungen sind in ein erfolgreiches Stadium getreten" o. ä. Die Metapher-Wendung trägt nur dann etwas ein, wenn man das Sinnpotential, das in ihr liegt, nicht vorschnell absorbiert. Oder anders gesagt: Das, was mit der Metapher gesagt werden soll, kann nur *mit ihr* gesagt werden. Die Sache *kann* in diesem Verständnis nur im Bild oder Vergleich gesagt werden. Dann gehört es auch zum Gleichnis, daß die innere Spannung, die ihm innewohnt, wesensmäßig zu ihm gehört und nicht aufgelöst werden darf. Sie ist deshalb wichtig, weil das Gleichnis nur so den, dem es gesagt wird, in sein Geschehen hineinnimmt und zu einem eigenen Prozeß provoziert.

Auf die Gleichnisse der Evangelien bezogen heißt das: Die für die Jesusverkündigung so wichtige Aussage vom Gekommensein der Basileia und ihrer noch anstehenden Erfüllung kann in der Gleichnisrede angemessen verständlich gemacht werden. Hier wird über die vorhandene reale Wirklichkeit ausgegriffen, ihr kann aber nur dann entsprochen werden, wenn der Hörer die Gleichnisgeschichte ganz mitvollzieht und sich selbst zu eigen macht. Dazu muß der Hörer aus seiner verengten Wirklichkeitssicht herauszutreten bereit sein und sich auf eine neue Erfahrungsebene begeben. Erst dann wirkt das Gleichnis sinnstiftend.

Damit ist noch ein letzter Aspekt anzusprechen, der wieder ins Zentrum des jesuanischen Verkündigungsansatzes hineinführt: Wenn Metapher und Gleichnis als Verständnisebene über die erfahrene Welt hinausführen, so ist *die vorfindliche Welt als Verstehenshorizont* dennoch die entscheidende Voraussetzung. Die Metapher greift ja ein Bild aus der Lebensrealität auf. Deshalb muß Jesus in seinem Basileia-Verständnis nicht die Ablösung der gegenwärtigen Welt im Interesse der Heraufführung von Gottes neuer Welt vertreten, sondern kann mit seiner Option gerade die Nähe Gottes zur gegenwärtigen Welt unterstreichen und in ihr ein zukunftsträchtiges Potential sehen. Deshalb kann aber auch nichts in der gegenwärtig erfahrenen Welt mit dem Reich Gottes identifiziert werden, auch nicht die Jüngergemeinschaft oder später die Kirche. Es ist und bleibt eine Metapher für einen nicht abgeschlossenen Geschehensvorgang. Aber es ist ein Geschehensvorgang, in dem erfahrbar werden soll, daß Gott seiner Schöpfung nahe ist und daß diese über sich selbst hinausweist. Diese Welt ist die Verstehensvoraussetzung für die Gottesherrschaft, aber sie kann nie und nimmer in ihr aufgehen. Oder in Analogie zu Saint-Exupérys Satz, man sehe nur mit dem Herzen gut, läßt sich theologisch sagen: Die Wirklichkeit von Welt und Mensch ist in ihren Möglichkeiten und Begrenzungen nur mit der Metapher der Gottesherrschaft angemessen zu erfassen.

Versuchen wir, uns dem anhand einiger Gleichnisse zu nähern. Wir legen im folgenden jeweils eine hypothetisch rekonstruierte Gleichnisfassung zugrunde, die der Ersterzählung durch Jesus entsprechen *könnte*.

Erstes Beispiel ist das *Gleichnis vom Senfkorn* (Mk 4,30-32). Das Gleichnis lautete in der Verkündigung Jesu wahrscheinlich ungefähr folgendermaßen:

> Wie sollen wir die Herrschaft Gottes vergleichen oder in welchem Vergleich sollen wir sie vorstellen? (Sie stellt sich dar) wie in einem Senfkorn, das, ist es einmal auf der Erde ausgesät, aufwächst und große Zweige hervorbringt, so daß in ihrem Schatten die Vögel nisten können.

Schauen wir zunächst auf die Bildwelt des Gleichnisses: Das Senfkorn ist als winziges Korn dem Palästiner aus der Alltagserfahrung bekannt. So weiß die jüdische Überlieferung:

> Nie geht das Sonnenrad unter, bevor es nicht geworden ist wie ein Senfkorn Blut.

Auch daß eine Senfstaude beträchtliche *Größe* erreichen kann, gehört zum bekannten Bild für die Adressaten der Erzählung. Immerhin kann sie am See Gennesaret 2-3 Meter hoch werden.

Diese beiden bekannten Naturgegebenheiten werden von Jesus miteinander in Beziehung gesetzt. Was aber für den zeitgenössischen Hörer Jesu zunächst eine vertraute Naturbeschreibung ist, erhält seine Sinnspitze in einer *überraschenden* Aussage. Diese liegt auf verschiedenen Ebenen. Zunächst muß es für den unmittelbaren Adressaten des Gleichniserzählers Jesus überraschend wirken, daß Gottes Herrschaft mit ihrem Einsetzen überhaupt in einem winzigen Senfkorn abgebildet wird. Die universal-kosmische Dimension der Königsherrschaft Gottes in den atl. Psalmen etwa legt zumindest den gezogenen Vergleich mit einem Senfkorn nicht gerade nahe. Der Adressat dieser Erzählung steht damit vor der Frage, ob er sich auf einen dermaßen paradoxen Gedanken überhaupt einlassen soll und kann. Das Eingehen auf diese paradoxe Vorstellung ist aber gerade die notwendige Voraussetzung dafür, sich auf den Gedanken einzulassen, daß sich in der Unscheinbarkeit des Wirkens Jesu die Gottesherrschaft Bahn bricht.

Daraus folgt die zweite Ebene. Sie liegt im *Kontrast*. Es geht dem Erzähler nicht um das naturbedingte Wachstum der Senfstaude in ihrem Entwicklungsprozeß, sondern um das *Gegenüber* von Senfkorn und Staude. Das entspricht nicht dem geläufigen Verständnis des Naturbildes; in zeitgenössischen Beschreibungen von Senfkorn und Senfstaude steht denn auch immer das *Wachstum*, nicht aber der *Kontrast* im Vordergrund. Wenn das Bild Senfkorn-Senfstaude zwar bekannt ist, sich aber dem zeitgenössischen Hörer nicht als *Kontrast*bild eingeprägt hat, ermöglicht es ihm den Blick für das Neue, und zwar das überraschend Neue. Dem Gleichniserzähler kommt es darauf an zu zeigen, daß Gottes Herrschaft sich zwar in der erfahrbaren Welt ereignet, daß sie aber nicht eine naturgegebene *Zwangsläufigkeit* ist und Kontinuität widerspiegelt. Der Hörer muß schon selbst die Geschichte mitgehen und sich von ihr die Augen öffnen lassen. Wenn von *Gottes* Herrschaft die Rede sein soll, kann sich die Erzählung nicht auf der Ebene der Einsichtigkeit und Normalität erschöpfen. Die Mittel der reinen Logik sind nicht die geeigneten Instrumente, derer sich der Mensch bedienen kann, wenn es um *Gott* geht.

Gleichwohl will die Geschichte *verstanden* werden. Dieses "glaubende" Verstehen hat zwei Aspekte: den, daß mit dem Auftreten Jesu *Gott* am Werk ist, und den, daß die Gottesherrschaft im Anschluß an das *Wirken Jesu kommt.* Es zeigt sich, daß das Gleichnis geeignet ist, die Beziehung zwischen Jesus, Gottesherrschaft und dem herausgeforderten Hörer herzustellen.

Man kann sich fragen, in welcher Situation die Erzählung ihren ursprünglichen Ort hat. Möglich ist durchaus, daß sich an Jesus die kritische Frage der mangelnden Erfahrbarkeit der Gottesherrschaft in seinem Wirken richtet. Aber über eine sich mit seinen Kritikern auseinandersetzende argumentative Rechtfertigung geht der Gleichniserzähler Jesus hinaus, da der Hörer nicht nur mit Logik überzeugt, sondern zum Vertrauen auf das nicht Vorhersehbare, nicht Denkbare gedrängt werden soll. Hier hat der Kontrast seine Funktion: Er fordert vom Hörer die Risikobereitschaft, das eigentlich Undenkbare für möglich zu halten, nämlich die Präsenz Gottes in der Unscheinbarkeit und vermeintlichen Erfolglosigkeit. Über eine "Rechtfertigung" geht das Gleichnis also weit hinaus.

Daß ein Gleichnis nicht begrifflich mit der Basileia verbunden sein muß, dennoch aber als Reich-Gottes-Gleichnis zu verstehen ist, zeigt das *Gleichnis vom Sämann* Mk 4,3-9. Als ursprüngliche Fassung läßt sich mit einiger Wahrscheinlichkeit vermuten:

> Siehe, es ging heraus ein Sämann, um zu säen.
> Und beim Säen geschah es:
> Das eine fiel auf den Weg,
> und es kamen Vögel
> und fraßen es.
> Und anderes fiel auf felsigen Grund,
> und es ging die Sonne auf,
> und es verbrannte (oder: und sie [die Sonne] verbrannte es).
> Und anderes fiel in die Dornen,
> und die Dornen wuchsen
> und erstickten es.
> Und andere Samenkörner fielen auf guten Boden
> und gaben Frucht
> und trugen dreißigfach
> und sechzigfach und hundertfach.

Wo liegen hier die Berührungspunkte zwischen Jesus und den Adressaten seiner Predigt? Der palästinische Jude weiß sehr wohl das Saatmotiv zu verstehen und seine Bedeutung vor allem in den weisheitlichen Lebenszusammenhang von Tun und Ergehen einzuordnen. Spr 11,18 war wohlbekannt:

> Der Frevler erntet trügerische Zinsen, doch festen Lohn, wer Gerechtigkeit sät.

Aber die Saatmetaphorik kann auch auf die Gültigkeit des Prophetenwortes hinweisen:

> Der Prophet, der einen Traum hat, erzählt nur einen Traum; wer aber mein Wort hat, der redet wahrhaft mein Wort. Was hat das Stroh mit dem Korn zu tun? - Spruch des Herrn (Jer 23,28).

Hier belegt der Prophet seine Autorität und die Gültigkeit, die Legitimation seines Wortes mit dem Ergebnis der Arbeit des Landmannes. Hingewiesen sei auch auf Jes 55,10f, wo der exilische Prophet den vom Himmel kommenden Regen in seiner Samen und Saat zum Leben bringenden Wirkung auf die Wirkmächtigkeit des Jahwewortes bezieht:

> Denn wie Regen und Schnee vom Himmel fallen und nicht zu ihm zurückkehren, sondern die Erde tränken, so daß es keimt und sproßt, Samen bringt für die Aussaat und Brot zur Nahrung, so ist es auch mit dem Wort, das meinen Mund verläßt: Es kehrt nicht leer zu mir zurück, sondern bewirkt, was ich will, und erreicht alles, wozu ich es ausgesandt habe.

Besondere Beachtung verdienen einige außerbiblische Texte der jüdisch-apokalyptischen Literatur, welche mit Hilfe der Saatmetaphorik die in der Sicht ihrer Autoren verhängnisvolle gegenwärtige Weltzeit der künftigen Heilszeit gegenüberstellen:

> Besätes Land erscheint plötzlich als unbesät. Volle Kammern werden plötzlich leer vorgefunden (Übersetzung J. Schreiner).

So heißt es im in der 2. Hälfte des 1. Jh. n. Chr. entstandenen vierten Esrabuch (4 Esra 6,22). Erst wenn die verhängnisvolle Zeit zu ihrem Ende gekommen ist, die böse Saat geerntet ist, kann der Acker, auf dem das Gute gesät ist, erscheinen (4 Esra 4,28):

> Denn das Böse, wonach du mich fragst, ist ausgesät; aber seine Ernte ist noch nicht gekommen.

An anderer Stelle wird dann in 4 Esra mit dem unterschiedlichen Schicksal der Saat auf die unterschiedliche Zukunft der Menschen hingewiesen:

> Denn wie der Bauer viele Samen auf die Erde sät und viele Pflanzen pflanzt, aber nicht alles, was gesät wurde, zu (seiner) Zeit bewahrt bleibt und nicht alles, was gepflanzt wurde, Wurzeln schlägt, so werden auch die, die in die Welt gesät sind, nicht alle bewahrt bleiben (4 Esra 8,41).

In der metaphorischen Rede von Saat, Acker und Ernte läßt sich das Problem der erfahrenen Gottesferne und die Ausrichtung auf die Ereignung göttlichen Heils angemessen beschreiben. Ihre besondere Zuspitzung erhält die Erzählung vom Sämann natürlich dadurch, daß *Jesus* sie erzählt und damit den Anspruch auf die Gültigkeit seiner Botschaft auch und gerade *in* der gebrochenen Wirklichkeitserfahrung erhebt. Ihm liegt daran, seine Botschaft gerade in der Bindung an seine Person in ihrer "Wahrheit" durchsetzungsfähig zu vermitteln, trotz der offenkundig negativen Auswirkungen der erfahrenen Widerstände. Dem Erzähler liegt daran, die Bejahung der Gültigkeit seiner Botschaft überzeugend zu vertreten, sich also ohne Wenn und Aber auf ihn als den Träger der kommenden Heilszeit zu verpflichten. Anders als die Analogien aus den zitierten außerbiblischen Schriften beginnt die Heilszeit aber schon *jetzt*, nicht erst nach dem Absterben der gegenwärtigen Geschichte.

Von der *Gegenwart der Gottesherrschaft* sprechen die Gleichnisse *vom Schatz im Acker und von der Perle* (Mt 13,44-46):

> Mit dem Himmelreich ist es wie mit einem Schatz, der in einem Acker vergraben war. Ein Mann entdeckte ihn, grub ihn aber wieder ein. Und in seiner Freude verkaufte er alles, was er besaß, und kaufte den Acker. Auch ist es mit dem Himmelreich wie mit einem Kaufmann, der schöne Perlen suchte. Als er eine besonders wertvolle Perle fand, verkaufte er alles, was er besaß, und kaufte sie.

Die beiden Gleichnisse sind nur bei Mt überliefert; ob sie schon vor der mt Überlieferung ein Doppelgleichnis waren, ist für ihre Aussage unerheblich. Sie haben die gleiche Einleitung und sind auch strukturell sehr ähnlich. Der wichtigste Unterschied besteht im Objekt des Vergleiches: Im ersten Gleichnis wird der *Schatz* mit der Basileia verglichen, im zweiten Gleichnis ist es der *Kaufmann*. Eine andere Modifikation liegt in den Schilderungen der Handlungspersonen: Im Gleichnis vom Schatz im Acker ist das Finden eine völlig unvermutete Sache, während beim Kaufmann schon von dessen Aktivität ("der schöne Perlen *suchte*") die Rede ist. Für die Frage, was die Geschichte über die Basileia sagt, ist das aber von nur relativer Bedeutung. Eine interessante Parallele findet sich in einem Gleichnis in der etwa im 1. Jh. v. Chr. verfaßten außerbiblischen Schrift "Testament Hiobs" (18,6-18):

> Und ich wurde wie einer, der in eine Stadt will, um ihren Reichtum zu besehen und einen Teil ihrer Herrlichkeit zu ererben, und der Ware in einem seetüchtigen Schiff mit sich führt und mitten auf dem Meer eine gewaltige Woge und widrige Winde vor Augen die Ladung über Bord wirft und spricht: "Ich will alles verlieren, wenn ich nur in diese Stadt komme, um Besseres zu ererben als die Ladung und das Schiff" (Übersetzung B. Schaller).

In der Auslegungsgeschichte von Mt 13,44-46 ist über die "Realien" der Erzählung manches Parallelmaterial zusammengetragen worden, so z. B. die Geschichte von einem Rabbi, dessen Kuh beim Pflügen in die Erde einsank, sich ein Bein brach und der bei dem Versuch, sie aus der mißlichen Lage zu befreien, einen großen Schatz entdeckte. Oder man stellte die moralische Frage nach der Berechtigung des Finders, sich den Schatz durch Kauf des Ackers anzueignen. Doch das berührt nur am Rande die Botschaft des Gleichnisses. Die Frage ist vielmehr, welcher Prozeß mit der Erzählung in Gang gesetzt werden soll.

Dieses Geschehen trägt zwei Aspekte in sich: Wenn die Basileia auf der Seite des Fundes gedacht werden soll, ist von ihr gesagt, daß sie da ist, wenn auch verborgen. Der andere Aspekt ist der, daß sie zugänglich, erfahrbar ist für den, der es riskiert, auf die Wirklichkeit des vermeintlich Unwirklichen zu setzen, d. h. hier auf die Gegenwart der Basileia trotz ihrer Verborgenheit. Darauf zu setzen ist für den Hörer nichts als paradox. Beide Aspekte sind verbunden durch den Erzähler Jesus. Er erzählt ja nicht nur von zwei Menschen, die aufgrund ihrer Erfahrungen entsprechend reagiert haben, sondern setzt bei den Adressaten der Erzählung selbst ein *Geschehen* in Gang, welches dieses Paradoxon, nämlich die Wahrnehmung der Gegenwart der Basileia trotz ihrer Verborgenheit, erschließt. Die Hörer sollen dazu gebracht werden, das Paradoxe als das Eigentliche wahrzunehmen.

Aber natürlich setzt der Erzähler Jesus bei seinen Adressaten auch eine Verhältnisbestimmung zu sich selbst in Gang. Er fordert die Zustimmung des Hörers zum Erzählgeschehen heraus und damit letztlich eine Positionsbestimmung zu sich selbst. Denn er will auf die Identifikation des Adressaten mit dem *von ihm* Erzählten hinaus und damit auf eine solche Reaktion des Hörers ihm gegenüber, die der des Mannes bzw. des Kaufmanns auf den Fund gleichkommt. Er will, daß der Hörer auf seine Erzählung hin für das Paradoxe alles, was er hat, einsetzt. Darin sieht er die einzige Perspektive, das zu erfahren, was die Gottesherrschaft ausmacht.

Zu den schwierigsten Gleichnissen in den Evangelien gehört sicher die *Parabel vom großen Gastmahl bzw. vom königlichen Hochzeitsmahl* (Lk 14,15-24/Mt 22,1-14). Zwar kann man davon ausgehen, daß das Gleichnis auf Jesus selbst zurückgeht, aber die ursprüngliche Form der Erzählung läßt sich angesichts der komplizierten Überlieferungsgeschichte nur in einem Annäherungsversuch wiedergeben. Sie könnte etwa so gelautet haben:

> Ein Mann hielt ein Mahl und lud viele dazu ein. Und er sandte seinen Knecht zur Stunde des Mahles dazu aus, den Geladenen zu sagen: "Kommt, das Mahl ist bereitet." Und alle fingen nacheinander an, sich zu entschuldigen. Der erste sagte zu ihm: "Ich habe einen Acker gekauft, und ich muß hinausgehen, um ihn anzusehen. Ich bitte dich, halte mich für entschuldigt." Und ein anderer sagte: "Ich habe fünf Ochsengespanne gekauft und bin auf dem Weg, sie zu begutachten. Ich bitte dich, halte mich für entschuldigt." Und ein anderer sagte: "Ich habe geheiratet, und deshalb kann ich nicht kommen." Da kam der Knecht zurück und berichtete seinem Herrn davon. Da wurde der Hausherr zornig und sagte seinem Knecht: "Geh hinaus auf die Wege und wen du auch findest, hole hierhin." Da ging der Knecht auf die Wege und sammelte alle, die er fand. Und das Haus wurde voll mit Gästen.

Wir müssen bei einer Rückfrage nach dem Gleichnis wieder unterscheiden zwischen der Ebene des Erzählers (Jesus) und der Ebene der Adressaten. Das ist deshalb wichtig, weil das Gleichnis das Element des Miß- oder Unverständnisses gezielt in seine Botschaft einsetzt und dadurch auf den Punkt bringt. Aber es gibt auch Gemeinsamkeiten zwischen Erzähler und Hörer: So verbinden Jesus und seine Hörerschaft mit dem "Mahl" im Prinzip gemeinsame Assoziationen. Vom endzeitlichen Gerichts- bzw. Freudenmahl spricht die atl. Prophetie:

> Schweigt vor Gott, dem Herrn! Denn der Tag des Herrn ist nahe. Ja, der Herr hat ein Schlachtopfer vorbereitet, er hat die eingeladenen Gäste schon (dem Tod) geweiht. Am Tag des Schlachtopfers des Herrn rechne ich ab mit den großen Herren und den Königssöhnen und allen, die fremdländische Kleidung tragen (Zef 1,7f).

Jesaja schaut auf das endzeitliche Heil im Bild vom Festmahl auf dem Zion:

> Der Herr der Heere wird auf dem Berg Zion für alle Völker ein Festmahl geben mit den feinsten Speisen, ein Gelage mit erlesenen Weinen. Er zerreißt auf diesem Berg die Hülle, die alle Nationen in Dunkel hüllt, und die Decke, die alle Völker bedeckt. Er beseitigt den Tod für immer. Gott, der Herr, wischt die Tränen ab von jedem Gesicht. Auf der ganzen Erde befreit er sein Volk von der Schande. Der Herr hat gesprochen (Jes 25,6-8).

Das außerbiblische äthiopische Henochbuch malt die endzeitliche Heilszeit als Gemeinschaft mit Gott visionär aus:

> Der Herr der Geister wird über ihnen wohnen, und mit jenem Menschensohne werden sie essen und sich niederlegen und aufstehen in alle Ewigkeit (62,14).

Jesus wie seine Hörerschaft teilen diese mit dem Mahl verbundenen Assoziationen. Das heißt noch nicht notwendig, daß Jesus sich in der Erzählung selbst als der Gastgeber gesehen hätte. Als solcher tritt er ja eigentlich nie bei den diversen Mahlszenen in den Evangelien auf, abgesehen von seinem eigenen Abschiedsmahl, bei dem er aber bezeichnenderweise die Zukünftigkeit des Mahles in der Gottesherrschaft ansagt (Mk 14,25). Dennoch: Auch wenn man weder Jesus sich mit dem Hausherrn identifizieren noch seine Adressaten diese Identifikation vornehmen läßt, ist das Mahl bei beiden eine Metapher für Gottes Heilsgemeinschaft. Jesus kann deshalb das Mahl zum Anknüpfungspunkt für seine Aussageintention machen.

Eine Moralisierung der Geschichte dergestalt, daß der Erzähler die Intention verfolgen würde, die Adressaten der Geschichte die Ablehnungsgründe der Geladenen bewerten zu lassen, ist nicht erkennbar. Nicht die Ablehnungs*gründe* sind das Entscheidende, sondern die Ablehnung als solche. Für die Adressaten der Erzählung haben nämlich die Absagen ihre einsichtigen Gründe. Für die Adressaten ist es bei der Abwägung, z. B. einen gekauften Acker zu besichtigen, statt an einem Mahl teilzunehmen, eben vernünftig, der Einladung fernzubleiben. Aber genau das ist der Punkt des gewollten Mißverständnisses. Denn gerade das "Vernünftige" wird hier kritisiert, geradezu karikiert:

Es ist immerhin ein merkwürdiger Zug im Erzählgang, daß die Geladenen sich wegen eines *schon getätigten Geschäftes* entschuldigen ("ich *habe* fünf Ochsengespanne gekauft"). Das ist ein wichtiger Einzelzug, der das Verständnis für die Entschuldigung erschweren will. Der Dissens zwischen dem Erzähler Jesus und den Adressaten der Erzählung will also provoziert werden. Es bleibt das gewollte Mißverständnis, daß der Erzählgang der Geschichte das scheinbar Vernünftige oder zumindest Verständliche zu durchkreuzen beabsichtigt.

Auf unterschiedliche Verständnisebenen trifft dann auch jene Episode der Geschichte, daß die zuerst Geladenen, wahrscheinlich doch sozial gutsituierte Leute, durch alles, was sich auf der Straße finden läßt, ersetzt werden sollen. Aus der ursprünglichen Geschichte drängt sich für den Hörer der oft eingetragene Gedanke einer Aufteilung der Geladenen in (ablehnende) Pharisäer und Fromme einerseits sowie (von den Frommen verachtete) Leute "vom Lande" andererseits nicht selbstverständlich auf. Der Hörer wird mit diesem Erzählzug vielmehr dazu herausgefordert, sich selbst zu den Zuerstgeladenen und zu den Zweitgeladenen zu stellen, d. h. mit Hilfe des Kontrastes zwischen den beiden Gruppen der Eingeladenen wird er genötigt, eine u. U. zu den Erstgeladenen positiv getroffene Einstellung zu korrigieren. In ihrem Selbstverständnis werden die Hörer, die den Ersteingeladenen gegenüber zumindest mit Verständnis begegnet waren, insofern in Frage gestellt, als sie mit den Zweiteingeladenen, also mit allem, was sich auf der Straße findet, bestenfalls auf eine Stufe gestellt werden.

Der ursprüngliche wie auch spätere Hörer muß sich selbst ja an einem ganz bestimmten Punkt in der Geschichte ansiedeln. Er wird sich also, zumal wenn er merkt, daß das erzählte Geschehen etwas mit Gottes Einladung an den Menschen zu tun hat, nach der Funktion der beiden Gruppen von Geladenen, vor allem aber nach der Bedeutung des *Zeitfaktors* fragen, der im Gleichnis eine maßgebliche Rolle spielt: Die Erstgeladenen waren nicht einmal zum unmittelbaren Kommen gedrängt, sondern hatten die Möglichkeit, sich auf die Einladung einzustellen, die Zweitgeladenen konnten dagegen nur unmittelbar reagieren. Das ist eine gewollte Stilisierung, die die Hörer nötigt, ihren eigenen Standpunkt zu überdenken und selbst von der Rolle der ersten Gruppe in die der zweiten Gruppe zu wechseln. Oder anders gesagt, sie müssen sich, sofern sie die Reaktion der ersten Gruppe teilten, vom Fortgang der Erzählung "bedroht" fühlen.

Damit zur Ebene des Erzählers, der natürlich kein anderer als Jesus ist: Wenn Jesus die Mahlszene im Zusammenhang mit der Gottesherrschaft sieht und das Mahl mit der zweiten Gruppe stattfinden läßt, macht er zunächst deutlich, daß dieses auf jeden Fall stattfinden wird; wenn nicht mit den Erstgeladenen, dann eben mit denen, die der Einladung folgen. Jesus als Erzähler - für die Geschichte und seine Intention ist eine Selbstidentifikation mit dem einladenden Mann nicht unbedingt notwendig (s. o.) - verbürgt sich damit für das Eintreten der Herrschaft Gottes.

Die Frage ist dann, was Jesus mit der Szenerie der Einladungs*folge* im Sinn hat, die im Abschlußsatz auf die Erstgeladenen - negativ - zurückkommt. Steht dahinter ein soziale Klassifizierung (hier die Besitzenden - dort die Unterprivilegierten)? Oder will Jesus auf eine drohende Ansage an Israel hinaus, etwa dergestalt: wenn Israel sein Angebot ablehne, würden die Heiden der Gottesherrschaft teilhaftig?

Der erste Vorschlag hat schon deshalb nicht viel Wahrscheinlichkeit für sich, weil das "wen du findest" am Schluß der Erzählung nicht unbedingt nur auf soziale oder religiöse Randgruppen schließen lassen muß. Aber auch eine Aufteilung zwischen Israel und den Heiden (so daß Israel zu den Ablehnenden gehören würde) gibt doch einige Fragen auf. Für die Ebene der Verkündigung Jesu besteht das Problem "Israel - Heiden" nicht in dem Sinne wie für die spätere urchristliche Überlieferung (Mt und Lk). Das Verheißungsmotiv der Mahlgemeinschaft ist ja in den angeführten biblischen und außerbiblischen Belegen keineswegs exklusiv auf Israel ausgerichtet, sondern schon in der Prophetie universalisiert. Dazu kommt dann noch, was wir schon früher in Erwägung zogen, daß Jesus für sich selbst die Kompetenz, Israel zu "definieren", beanspruchte. Aber das ist in diesem Gleichnis kaum das vordringliche Thema. Ganz gleich, ob Israel oder die Heiden: Jesus erzählt von der ernsthaft ausgesprochenen Einladung zum Mahl als Chiffre für die Einladung zur Gottesherrschaft.

Im Interesse der Teilhabe am Mahl, um im Bild zu bleiben, ist es sinnvoll und notwendig, vermeintlich feste Güter und Geschäfte wie den gekauften Acker, gekaufte Ochsen oder auch menschliche Beziehungen wie das Eingehen einer Partnerschaft zurückzustellen, und zwar in unmittelbarer Entscheidung. Damit gewinnt das Gleichnis einen mahnend-drohenden Charakter, sich dem Angebot Gottes nicht zu versagen, auf der Hörer- wie auf der Jesus-Ebene. Das bedeutet dann aber auch, daß die Alternative "Israel - Heiden" vom Denkansatz her nicht besteht, sondern das von Jesus erzählte Gleichnis setzt in seiner historischen Situation wohl bei dem real existierenden Israel an, aber ist prinzipiell über dieses Israel hinaus geöffnet, ohne seinen Ursprungscharakter aufzugeben. Der entscheidende Punkt ist der der unmittelbaren positiven Entscheidung seiner Adressaten, woher sie auch kommen mögen, für seine Botschaft. Ähnliches hatten wir als Aussageintention schon für das Gleichnis vom Schatz im Acker und der Perle ausmachen können.

Es sei ein letztes Beispiel für den Gleichniserzähler Jesus angefügt. Das *Gleichnis vom ungerechten Verwalter* (Lk 16,1-8) wird weder von Jesus noch von Lk, der es als einziger der Evangelisten überliefert, begrifflich mit der Gottesreichpredigt in Verbindung gebracht. Dennoch steht die Parabel mit Jesu Predigt von der Gottesherrschaft in Zusammenhang und erhält in diesem Kontext ihr Profil. Auch hier sei wieder der Versuch gemacht, eine Ursprungsform zugrundezulegen:

Jesus sagte zu den Jüngern: Ein reicher Mann hatte einen Verwalter. Diesen beschuldigte man bei ihm, er verschleudere sein Vermögen. Darauf ließ er ihn rufen und sagte zu ihm: "Was höre ich über dich? Leg Rechenschaft ab über deine Verwaltung! Du kannst nicht länger mein Verwalter sein." Da überlegte der Verwalter: "Mein Herr entzieht mir die Verwaltung. Was soll ich jetzt tun? Zu schwerer Arbeit tauge ich nicht, und zu betteln schäme ich mich. Doch - ich weiß, was ich tun muß, damit mich die Leute in ihre Häuser aufnehmen, wenn ich als Verwalter abgesetzt bin." Und er ließ die Schuldner seines Herrn, einen nach dem andern, zu sich kommen und fragte den ersten: "Wieviel bist du meinem Herrn schuldig?" Er antwortete: "Hundert Faß Öl." Da sagte er zu ihm: "Nimm deinen Schuldschein, setz dich gleich hin, und schreib fünfzig." Dann fragte er einen anderen: "Wieviel bist du schuldig?" Der antwortete: "Hundert Sack Weizen." Da sagte er zu ihm: "Nimm deinen Schuldschein, und schreib achtzig." Und der Herr lobte den unehrlichen Verwalter, weil er klug gehandelt habe.

Die hier für die Rede Jesu angenommene Textgrundlage bezieht V. 8a ("Und der Herr lobte den unehrlichen Verwalter, weil er klug gehandelt habe") in das ursprüngliche Gleichnis ein. Eine Schwierigkeit besteht freilich darin, daß bei dieser Annahme der "Herr" identisch sein müßte mit dem zu Beginn genannten "reichen Mann", d. h. das Problem wäre darin zu sehen, daß ein und dieselbe Person in einer relativ kurzen Erzählung am Anfang und Ende jeweils unterschiedlich bezeichnet würde. Nun hat die lukanische Überlieferung in dem "Herr" sicher Jesus gesehen, der aber in der Unmittelbarkeit der Erzählung sich kaum so (dazu noch in der 3. Person) genannt hat. Da aber die lukanische Fassung eine Anwendung der Geschichte als Jesuswort anfügt, muß sie auch in unserem genannten Vers schon Jesus sprechen lassen, während dieser in seiner Ersterzählung auch am Schluß den reichen Mann zu jenem Urteil kommen ließ, das nun bei Lk dem "Herrn" zugesprochen wird.

Eine erhebliche Verständnisbarriere für das Gleichnis besteht dann, wenn man sich in der Beurteilung des Verwalters vorrangig von moralischen Kategorien leiten läßt. Dann *versteht* man die Geschichte nicht und bleibt an der Oberfläche. Es geht im Gleichnis nicht um einen Appell zur Ehrlichkeit. Die Geschichte bemüht sich überhaupt nicht um den Nachweis, daß der Ehrliche der ist, der schließlich das bessere Ende für sich hat. Vielleicht wie in sonst keinem Wort läßt sich Jesus mit dieser Erzählung auf die sog.

"Lebensrealitäten" ein. Aber damit sind wir auch schon bei einem Verständniszugang, der uns wahrscheinlich mit den Ersthörern verbindet und den die Parabel bewußt aufdrängt.

Deshalb ergibt sich die Frage: In welcher Hinsicht kann der schwer verständliche Tatbestand, daß der betrogene reiche Mann seinen Betrüger lobt, als Jesusrede sinnvoll sein? Gleich zweimal hat der Hörer der Erzählung ja gewissermaßen Grund zur Entrüstung. Zunächst wird er sich auf die Seite des geschädigten reichen Mannes stellen und nur darauf warten, daß dieser nach den gewohnten Vorstellungen von Gerechtigkeit auf das Fehlverhalten des Verwalters reagiert. In dieser von der Erzählung aufgedrängten Parteinahme werden die Adressaten der Erzählung allerdings gründlich irritiert, kann doch - und das ist die Zuspitzung der Irritation - das positive Urteil über das Verhalten des Betrügers bei ihnen nur auf Unverständnis stoßen. Nicht nur, daß der geprellte Mann der Geschädigte bleibt, sondern daß er auch dazu noch das Verhalten des Schädigers bestätigt! Oder umgekehrt die Frage: Ist der Ehrliche dann nicht wirklich der Dumme? Aber diese an das Gleichnis herangetragene Verständniskategorie hat unter Zuhilfenahme des Moralischen der Erzählung die eigene Spitze schon wieder genommen. Insofern gehört übrigens die Identität des reichen Mannes vom Beginn der Geschichte mit dem "Herrn" am Schluß zur Konstruktion des Erzählten.

Nun ist wieder zu beachten, daß *Jesus* die Geschichte erzählt. Mit den Hörern ist Jesus das Urteil gemeinsam, daß der Verwalter ungerecht ist. Das wird in keiner Weise beschönigt. Das Provozierende liegt dann aber nicht nur darin, daß der Verwalter von seinem Herrn gedeckt wird, sondern daß Jesus dadurch, daß er im Anschluß an die Erzählung nicht gegen den Verwalter Stellung nimmt, ebenfalls den Eindruck erweckt, als schließe er sich dem Urteil des reichen Mannes an und decke damit das erzählte betrügerische Verhalten.

Das muß die Hörer als Hörer *Jesu* provozieren. Damit werden sie aber zu der Frage gezwungen, was *sie* denn eigentlich zu einem dem Urteil Jesu gegensätzlichen Urteil legitimiere. Wo liegen ihre Qualitäten als Grundlage für ihre Reaktion? Was berechtigt sie zu ihrem Standpunkt? Die Antwort ergibt sich von selbst: Nichts! Aber das ist nicht alles. Die Geschichte will ja nicht nur kritisieren, sondern sie will schöpferisch wirken. Sie will auf einen Punkt hinaus, der bei der moralischen Schablone, die ohnehin in den Selbstwiderspruch hineinführt, verdeckt wird. Sie will die *spontane Phantasie* des Verwalters anerkennen. Der Phantasie räumt Jesus die Möglichkeit ein, durch geschickten Einsatz fast unausweichliches Unheil abzuwenden. Der Verwalter wird deshalb bestätigt, weil er alles riskiert hat, um aus seiner Zukunft das Beste zu machen, auch wenn er dabei über die Grenzen des "Normalen" hinausgegangen ist. Die Geschichte konstruiert bewußt eine Extremsituation, in der man trotz scheinbarer Aussichtslosigkeit die Zukunft gewinnen kann, aber nur, wenn man die Möglichkeiten der Gegenwart erkennt, die rechten praktischen Schlüsse zieht und auch unmittelbar umsetzt. Gerade dieses Gleichnis macht uns deutlich, wie sehr Jesus die Zukunft davon abhängig macht, daß man alle Kategorien von Leistung und Gerechtigkeit relativiert und die Möglichkeiten, die sich eröffnen, auch unmittelbar wahrnimmt. Das mag noch immer befremden, aber zum Verständnis der Geschichte müssen wir nun einmal von den moralischen Fragen abstrahieren und auf die Tatsache schauen, daß einer da, wo er gefordert ist, Einfälle hat. Die spontane, unmittelbare Entscheidung ist gefragt. Das zieht sich durch eine ganze Reihe von Gleichnissen wie ein roter Faden hindurch und ist für die Geschichte entscheidend.

Blicken wir auf die kleine Auswahl jesuanischer Gleichnisse zurück: Zunächst wird deutlich, in welcher Vielfalt an Lebens- und Existenzfragen die Exemplifizierung der Botschaft von der Gottesherrschaft aufscheint. Das, was mit Gottes Herrschaft gemeint ist, hat mit dem unmittelbaren Leben zu tun, ist keine rein theologische oder gar jenseitige Größe. Auf der anderen Seite übersteigt die Rede von der Gottesherrschaft aber die tägliche Erfahrung, durchbricht sie die scheinbaren Gesetzmäßigkeiten des Lebens. Diese sachlich bedingte Spannung, die der Basileia-Botschaft innewohnt, macht offenkundig, daß die Rede von der Gottesherrschaft sich auf ein Geschehen bezieht, das nicht durch eine "Definition" angemessen wiedergegeben werden kann. Sie ist ein in das konkrete Leben einbrechender Geschehensprozeß, der in der Gleichniserzählung Jesu annäherungsweise vorstellbar gemacht wird, zumindest so weit, daß der Hörer der Jesuserzählung mit Gründen zu seiner Reaktion herausgefordert wird.

Mit der Gleichniserzählung verfolgt Jesus zwei Ziele: Jesus versucht mit der der Gottesherrschaft angemessenen Gleichnisrede von der Gewißheit der Durchsetzungsfähigkeit seiner Basileia-Botschaft zu überzeugen. Auch wenn die "Realitäten" eine andere Sprache sprechen, die Gültigkeit und Wahrheit seiner Aussage der Herrschaft

Gottes wird sich überzeugend erweisen (vgl. die Gleichnisse in Mk 4).

Weil das so ist, ist der Hörer dieser Botschaft gefordert, sich in diesen Geschehensprozess hineinnehmen zu lassen. Zwar kommt, so Jesus, die Gottesherrschaft auch, wenn seine Person auf Ablehnung stößt; dann kommt sie aber zum Gericht. Soll die Herrschaft Gottes sich für den Menschen heilsam auswirken und ihm ein Leben schaffen, das diesen Namen auch verdient, muß der Mensch sich existentiell ganz darauf einstellen. Diese Perspektive erfordert höchste Risikobereitschaft. Dahinter steht ein hohes Zutrauen Jesu an den Menschen: Gottesherrschaft bedeutet nicht "Versorgung mit Heil", sondern Provokation menschlichen Potentials, fordert risikoreichen Einsatz aller zur Verfügung stehenden Fähigkeiten. Diese eindringliche und sehr weitgehende Forderung geht über die Grenzen des Verständlichen hinaus, so wenn Jesus am Beispiel eines moralisch zwielichtigen Verhaltens (Lk 16,1-8) exemplifiziert, was es heißt, im Augenblick geschickte Entscheidungen zu riskieren und mit Spontaneität und Phantasie Tugenden an den Tag zu legen, die dann, wenn es darauf ankommt, Eindruck machen. Spontaneität des Handelns und alles riskierende Umsetzung des als notwendig Erkannten sind es, die zum Ziel führen. Das ist beim Gleichnis vom großen Gastmahl so, das ist auch beim Gleichnis vom ungerechten Verwalter so.

5. Gottesherrschaft als Zusage und Anspruch - Die Bergpredigt

Die Gleichnisverkündigung Jesu zeigt, daß die Gottesherrschaft sowohl Zusage als auch Anspruch ist. Gottes Herrschaft ermöglicht dem Menschen eine neue Lebensbasis, verlangt ihm aber auch alles ab, was er an Möglichkeiten hat, aber eben an *Möglichkeiten.*
Die Bergpredigt Jesu läßt sich nur vom Hintergrund der Gottesreichpredigt sinnvoll verstehen. Auch sie stellt uns in die Spannung von Zusage und Forderung. Sie bildet deshalb in ihrer Verkündigungsstruktur eine sinnvolle Einheit mit der Gleichnisbotschaft.

a) Bergpredigt und Jesuspredigt

Als "Bergpredigt" kennen wir allgemein nur die sog. Seligpreisungen oder Antithesen. Dabei vergessen wir oft, daß diese Rede Jesu immerhin drei Kapitel, nämlich die Kap. 5-7 des Mt-Evangeliums umfaßt. Dieses komplizierte Gebilde mit seinen verschiedenen Themen hat, so wie es uns im Mt-Evangelium vorliegt, unter Aufnahme vieler historischer Überlieferungen aber erst *Matthäus* geschaffen, das ist *seine* Bergpredigt.

Aber die Jesuspredigt ist in *zwei* Fassungen überliefert. Mt und Lk haben bekanntlich bei der Abfassung ihrer Evangelien auf die schriftliche Überlieferung der Spruchquelle (Q) zurückgreifen können, die der Gerichtspredigt des Täufers (Lk 3,7-9.16f/Mt 3,7-12) und der Versuchungsgeschichte (Lk 4,1-12/Mt 4,1-11) jene programmatische Rede Jesu folgen läßt, welche wir allgemein mit "Bergpredigt" bezeichnen. Sie besteht aus den Lk 6,20-23.27-49 und Mt 5,3-12.38-48; 7,1-5.15-21.24-27 zugrundeliegenden Worten. Die Tatsache, daß die Jesusrede in der Endfassung des Mt eine erhebliche Erweiterung, aber auch in der Lk-Redaktion manche Modifikation erfahren hat, liefert den Nachweis dafür, daß die Worte Jesu nicht einfach eine konservierte Spruchsammlung sind, sondern eine Botschaft, die der verstehenden und praktizierten Auslegung bzw. Anwendung bedarf.

Inwieweit die Predigt auf Jesus selbst zurückgeht, ist nicht bei jedem Vers eindeutig zu sagen. Insgesamt können wir aber sehr optimistisch sein, daß die Überlieferung der Logienquelle, von kleineren Deutungszusätzen wie z. B. Lk 6,23/Mt 5,12 oder der "Goldenen Regel" (Mt 7,12/Lk 6,31) abgesehen, die Jesusrede noch recht getreu erkennen läßt. Wir können vor allem deshalb den Grundbestand der Bergpredigt auf Jesus selbst zurückführen, weil sie die Gottesreichbotschaft in ihrer Grundanlage genau auf den Punkt bringt und sich deshalb in das Zentrum von Jesu Verkündigung präzise einfügt. Das heißt nicht, daß man alles, was dem nicht genau zuzuordnen ist, aus dem Grundbestand von Jesusworten ausscheiden muß, aber hier haben wir einen entscheidenden positiven inhaltlichen Anhaltspunkt für die Authentizität der Jesusworte.

Wir beziehen uns im folgenden auf zwei Schwerpunkte der programmatischen Rede Jesu, auf die Seligpreisungen und die den matthäischen Antithesen zugrundeliegenden authentischen Jesus-Überlieferungen.

b) Die Seligpreisungen

Am Beginn der Bergpredigt stehen die sog. *"Seligpreisungen"*. Damit ist schon eine Entscheidung für eine bestimmte Übersetzung

des griechischen Wortes "makarios" mit "selig" vorgegeben. Das trifft das Gemeinte freilich nur unzulänglich. Aber andere Übersetzungsversuche wie "Wohl euch", "Freut euch" oder "Heil euch" sind noch problematischer. Bleiben wir also beim vielleicht etwas hausbackenen, eher gewohnten "Selig", allerdings mit einem wichtigen Verständnishinweis, den H. J. Venetz in seinem lesenswerten Büchlein "Die Bergpredigt - Biblische Anstöße" (Düsseldorf-Freiburg/Schweiz 1987) sehr schön formuliert hat: "*Die Seligpreisungen sind an erster Stelle Glückwünsche, Gratulationen, Zuspruch von Glück und Segen*" (S. 29).
Die auf Jesus zurückgehenden Seligpreisungen lauten (möglich ist auch, daß sie ursprünglich in der dritten Person [= Mt: Selig sind, die ...] gesprochen wurden):

> Selig, ihr Armen, denn euer ist das Reich Gottes.
> Selig, die ihr [jetzt] hungert, denn ihr werdet gesättigt werden.
> Selig, die ihr [jetzt] weint, denn ihr werdet lachen.

"Selig" oder "Wohl" als Anrede kommt in unserem Sprachgebrauch praktisch nicht vor. Deshalb ist diese Form des Zuspruchs zunächst einmal fremd. Anders ist das zu biblischer Zeit. Dort kennen wir eine Fülle von "Seligpreisungen" (= Makarismen) aus dem AT und ausserbiblischen Texten des Judentums. Ps 1 ist ein Beispiel:

> Selig der Mann, der nicht wandelt im Rat der Gottlosen, ... der ist wie ein Baum, gepflanzt an Wasserbächen (V. 1-3).

Gegenüber dem seliggepriesenen Frommen geht der Gottlose zugrunde:

> Nicht so die Frevler: Sie sind wie Spreu, die der Wind verweht (V. 4).

Gepriesen wird hier einer, der sich in bestimmter Hinsicht verhält und anderes meidet. Die Seligpreisung hat die Funktion einer Mahnung. Sie stellt ein ausgewogenes Verhältnis zwischen Tun und Ergehen her, dem Tun folgt die ihm entsprechende Konsequenz. Letztlich geht es darum, in der Vielfalt der Erfahrungen eine in sich stimmige Ordnung zu entdecken. Die Seligpreisung will also dazu ermahnen, sich so zu verhalten, daß Wohlergehen die Folge aus dem eigenen Tun ist.

Natürlich machte man auch schon in Israel die Erfahrung, daß ein bestimmtes Tun nicht zwangsläufig ein entsprechendes Befinden zur Folge hatte. Warum es den Bösen gut gehe und den Guten schlecht, war auch damals eine Frage. Aus dieser Spannung der Wirklichkeitserfahrung hat Israel unterschiedliche Auswege gesucht, z. B. daß man die ausgleichende Gerechtigkeit für das bevorstehende Ende erwartete:

> Aber in jenen Tagen werden selig sein alle die, die die Worte der Weisheit annehmen und kennen, die Wege des Höchsten beobachten, auf dem Wege seiner Gerechtigkeit wandeln und mit den Gottlosen nicht sündigen, denn sie werden gerettet werden (äth. Henochbuch 99,10; Übersetzung S. Uhlig).

Hier wird erwartet, daß der, der in Gerechtigkeit lebt, Seligkeit erfahren wird, spätestens im neuen Äon, der "neuen Weltzeit", die Gott herbeiführen wird.

Auch bei Jesus spielt der Gedanke des Zukünftigen eine Rolle; aber ist schon in der eben angeführten Verheißung der jüdischen Schrift nicht von einer Vertröstung auf das Jenseits die Rede, so erst recht nicht bei Jesus, denn ihm geht es um die *Vergegenwärtigung* der Zusage. Jesus will darauf hinaus, daß die Zusage (= Gottesherrschaft) *jetzt* wirksam wird, sich *jetzt* ereignet, daß also die desolate Gegenwart durch seinen Zuspruch einen neuen Inhalt erfährt.

Jesus spricht Seligkeit, Heil, Wohlergehen zu. Dieses steht für ihn in engster Beziehung zum Gottesreich. Es betrifft die gegenwärtige Existenz und geht doch über sie hinaus. Damit spricht er natürlich etwas Paradoxes aus. Paradox muß es denen, die auf der Schattenseite des Lebens stehen, erscheinen, daß ihnen Heil zugesprochen wird. Aber: Der Zuspruch hat seine Gültigkeit zunächst nur in der engen Beziehung zwischen dem Sprecher Jesus und den unmittelbar von ihm Angesprochenen. Umgekehrt wird er nur dann Wirklichkeit, wenn die Angesprochenen Jesus Raum geben. Es ist dies ein Heilszuspruch auf der Sprachebene, d. h. auf der Ebene der Beziehung zwischen Jesus und seinem direkten Hörerkreis. Dasselbe geschieht im Wirken Jesu ebenso auf der Handlungsebene, etwa im heilenden Handeln oder in seiner praktizierten Solidarität mit den Sündern. Das Gottesreich ist da Wirklichkeit, wo der Angesprochene mit Jesus in Beziehung tritt. Daß *Jesus* die Zusage gibt, ist notwendige Voraussetzung für die reale Erfahrung der Gottesherrschaft aus der Sicht der

Armen, Hungernden und Trauernden. Nur so kann das Paradox einen Sinn haben.

Was bedeutet diese grundsätzliche Feststellung für die Seligpreisung an die Armen? Fragen wir zunächst, wer die Armen überhaupt sind.

Arme waren in der Umwelt Jesu, besonders in der griechisch-hellenistischen, wenig geachtet. Wenn Armut schon nicht in Schuld begründet wurde, dann eben in Schicksal. Daß aber Arme besonders von den Göttern angesprochen würden, ist den Griechen ein abwegiger Gedanke.

In Israel ist das grundlegend anders. Für Israel steht die Erfahrung im Vordergrund, daß Jahwe dem Volk das Land Kanaan gegeben hat. Wir sahen ja schon, welch hohe Bedeutung das zur Verfügung stehende Land für den Israeliten hat. Mit ihm verbinden sich die Gotteserfahrung und das von Jahwe gewährte Lebensrecht. Armut ist deshalb nichts anderes als der Entzug des gottgewährten Lebensrechtes, deshalb aber ein Widerspruch gegen den Gotteswillen. Jeder, dem der Anteil an diesem Land entzogen ist, hat deshalb Anteil am Rechtsschutz Jahwes, denn diesen hat er in seiner Bundeszusage gewährt. Von daher sind die vielen Schutzverordnungen im AT für die Armen zu verstehen. Als Beispiel sei Ex 22,24 angeführt:

> Leihst du einem aus meinem Volk, einem Armen, der neben dir wohnt, Geld, dann sollst du dich gegen ihn nicht wie ein Wucherer benehmen. Ihr sollt von ihm keinen Wucherzins fordern.

Das Wissen um die Zuwendung Jahwes in der Geschichte, das Wissen darum, daß er der Geber des Lebens und seiner Güter ist, läßt die Prophetie so energisch für die Armen eintreten (Am 2,6-10; Mi 2,1-11). Von diesem Verständnis der Armut als einem Widerspruch gegen den Gotteswillen gewinnt der Arme in Israel seine religiöse Bedeutung. Im Gegensatz zu den Reichen, die, was die Propheten anprangern (vgl. Am 5,7.10-12), über die Rechtsprechung und den Besitz verfügen, stellt der Arme sich unter den Schutz Gottes und erwartet von Jahwe sein Recht, weil er es allein bei ihm weiß. So kann dann der Arme in Israel auch der Demütige genannt werden. Aber damit ist der real-konkrete Charakter der Armut nicht aufgehoben.

Nach dem Exil prägen sich *Hoffnung* und *Erwartung* aus, daß Jahwe mit seinem endzeitlichen Handeln das Heil schaffen wird: Da

Israel seine exilische Katastrophengeschichte darin begründet sieht, daß es das Gesetz Jahwes verlassen hat, weiß es sich neu zur Erfüllung des Gesetzes, und zwar auch des Sozialgesetzes, verpflichtet. "Arm" wird so zunehmend mit "gerecht" gleichgesetzt und zur Selbstbezeichnung jener Gruppen, die sich ganz dem Gesetz unterwerfen. Diese Entwicklung macht deutlich, daß der "Arme" verschiedenen religiösen Inhalten je nach geschichtlicher Situation zugänglich war.

Gerade deshalb darf man Jesu Predigt aber nicht ihrer Konkretheit berauben, sondern seine Seligpreisung der Armen, Hungernden und Trauernden steht in der prophetischen Tradition und erfährt hierin ihre Zuspitzung. Durch sein Wort an die Armen wird der Widerspruch gegen Jahwe, der das Recht auf sein Volk Israel hat und ihm in der Landgabe das Leben gewährt, angeprangert und die Nähe Gottes denen zugesagt, die die Opfer der gottwidrigen Verteilungskämpfe sind. Deshalb ist die Rede nicht zu trennen von Jesu Gemeinschaft mit Zöllnern und Sündern, Deklassierten und Verachteten, den Opfern des politischen und religiösen Systems.

Daß diese Zusage nicht mit leerer Vertröstung zu verwechseln ist, die gegenwärtige Unrechtsverhältnisse kaschiert und folglich legitimiert, ist deshalb deutlich. In Jesu Anwesenheit soll die Nähe Gottes erfahrbar und gerade für die von den herrschenden Verhältnissen Diskriminierten konkret sein. Nur das Bewußtsein der von ihm zugesagten Nähe Gottes läßt Jesus vom schon gegenwärtigen Heil sprechen, so sehr das Reich Gottes in seiner Volloffenbarung auch noch aussteht.

Von hier aus wird nun deutlicher, was Jesu Zusage bedeutet. Gott erkennt das Recht derer an, denen das Lebensrecht faktisch entzogen wird. Das läßt Jesus die von der Welt Unterdrückten erfahren. So können die Seligpreisungen gar keine Vertröstungen sein, sondern sind die Ansage neuer Maßstäbe gegen alle eingefahrenen "Ordnungen", die nur deshalb funktionieren, weil sich die Schwachen nicht zu wehren wissen. Indem Jesus den Opfern des Systems die Herrschaft Gottes ansagt, sich ihnen zuwendet und den Entzug der Herrschaft der Mächtigen einleitet, hebt er - eben durch seine solidarische Beziehung - alle Unterprivilegierung auf und nimmt die Ausgegrenzten als vollgültige Partner an. Von der Zusage dieser neuen Maßstäbe sind deshalb nicht nur die Armen, Hungernden und Trauernden betroffen, sondern besonders auch die faktischen Unterdrücker. Ihnen wird das "Besitzrecht" genommen, sie werden auf das zurückgeführt, was sie sind, Partner in einer Solidargemeinschaft, die zu Ansprüchen an andere nicht legitimiert sind. Da, wo die Rechtlosen zu ihrem Recht kommen, ist Gottes Reich da. Jesu Handeln ist deshalb auf die Armen ausgerichtet, weil deren Ohnmacht verdunkelt, wie er den Menschen sieht: nicht als individualistischen Egoisten, der das "Recht des Stärkeren" für sich in Anspruch nehmen darf, sondern als soziales und solidarisches Glied der Volksgemeinschaft. Allen selbstgemachten und daher auf Unrecht beruhenden Ordnungen wird hier die Legitimität bestritten.

Damit ist gleichzeitig ausgeschlossen, daß Armut in erster Linie Ausdruck einer zweifelhaften Frömmigkeitsbezeichnung ist. Die von Jesus "Beglückwünschten" sind nicht die, die "für Gottes Lohn" auf ihr Recht verzichten, sich unterwerfen und sich in einer Demut üben, die letztlich nur die Stabilisierung von Herrschaftsverhältnissen garantiert. "Gottesherrschaft" bedeutet für die Armen die Zusage von Gerechtigkeit und Recht durch das Eintreten Gottes für die Gedemütigten. Wenn Jesus diese Zusage gibt, bedeutet sie Unterstützung Jesu für die Rechtlosen auf der Suche nach ihrem Recht. Die Durchsetzung dieses Rechts ist die bleibende Verpflichtung aller Jesusnachfolger. Sie müssen die Armen und Hungernden in ihrem Recht anerkennen und für die Adressaten ihrer Predigt erkennbar machen, daß sie Jesu Wort verkünden, nicht als "hätten" sie dieses, sondern indem sie sich zu Anwälten dieser prophetischen Proklamation vor aller Welt machen.

c) Das Gebot der Feindesliebe und der Verzicht auf Wiedervergeltung

Wir hatten gesehen, daß Jesus nicht in einem abstrakten Beweisverfahren von Gott und seiner Welt spricht, sondern durch die Metaphersprache des Gleichnisses dem Hörer mitunter riskante Schritte abverlangt, die ihm erst das erschließen, was er mit dem Begriff "Herrschaft Gottes" als sich schon ereignendem Geschehen meint und mit seiner Person verbindet. Es geht Jesus darum, dem Adressaten seiner Botschaft klarzumachen, daß Gott dem Menschen unmittelbar nahe ist um seiner eigenen menschlichen Zukunft willen. Zwar ist es immer die im Vordergrund stehende Initiative Gottes, auf die der Mensch nur re-agieren kann, aber die Re-aktion der Adressaten der Jesusbotschaft ist nicht minder gefragt. Sicher: Die Aktion Jesu im Namen Gottes ist überhaupt erst die Möglichkeit für ein ihr entsprechendes Handeln, aber der Mensch wird von Jesus in den Möglichkeiten von Annahme und Ablehnung seiner Botschaft ernstgenommen. Deshalb bleibt Jesus in seiner programmatischen Rede, der Bergpredigt, auch nicht beim Zuspruch an die Armen und Gedemütigten stehen, sondern drängt den von ihm angeredeten Hörer zur realisierenden Wahrnehmung seiner ihm von Gott gewährten Möglichkeiten. Es ist deshalb in sich konsequent, daß Jesus und die frühe Jesus-Überlieferung den Seligpreisungen Gebote folgen lassen, die den Menschen voll und ganz zu einem Leben nach neuen Maßstäben fordern.

Diese Sprüche sind in ihrer ursprünglichen Reihenfolge und in ihrem authentischen Wortlaut kaum noch zu rekonstruieren. Es ist aber davon auszugehen, daß das Wort von der Feindesliebe, die rhetorischen Fragen an die Jesusanhänger nach dem Verhalten der Zöllner und Heiden (Lk 6,32-34/Mt 5,46f) sowie das Verbot der Wiedervergeltung (Lk 6,29f/Mt 5,38-42) zur ursprünglichen Jesuspredigt gehörten. In diesen Worten werden die Möglichkeiten der Jesusnachfolger, dem Lebensangebot Gottes zu entsprechen, unmißverständlich herausgefordert.

Das *Gebot der Feindesliebe* ist in dieser Zuspitzung im religiösen Umfeld Jesu nicht belegt; das läßt sich trotz der durchaus vorhandenen Analogien auch aus der hellenistischen Umwelt sagen. Epiktet etwa sagt vom idealen Kyniker:

> Er muß sich treten lassen wie ein Hund, und unter den Tritten eben die, die ihn treten, auch noch lieben - wie ein Vater aller, wie ein Bruder (Dissertationes III, 22,54).

Der Stoiker Epiktet sucht die innere Gelassenheit und Unabhängigkeit, die ihn alles ertragen läßt, in einem der Natur entsprechenden Leben, das alles hinnimmt und von allem unberührt bleibt. Dieses Ideal des Ertragens als Weg zur Selbstfindung will Jesus gerade überwinden. Er greift gezielt das menschenfeindliche Potential, das im Menschen selbst ist, an. Zu diesem Potential gehört vor allem das Produzieren von Feindbildern, gehört die Versuchung, jemand zum Feind zu erklären. Diese schroffe Forderung, den Feind mit dem Ziel der Überwindung von Vorurteil, Verurteilung und Ausgrenzung zu lieben, ist der Prüfstein für das Sich-Einlassen auf Jesu Zusage der Gottesherrschaft. Was dieses Gebot abverlangt, zeigt die Tatsache, daß es in der urchristlichen Tradition auch nicht durchgehalten, sondern in der Maxime der Nächsten- und Bruderliebe, die dann nur den innergemeindlichen Bezug verfolgte, zunehmend erleichtert worden ist (vgl. Joh 13,34f; 1 Petr 2,17). Man kann gewissermaßen sagen, daß Jesus selbst das atl. Gebot der Nächstenliebe (Lev 19,18: "Du sollst deinen Nächsten [= Volksgenosse] lieben wie dich selbst. Ich bin der Herr.") auf die Feindesliebe hin entgrenzt, die frühe Kirche dieses Gebot dann wieder auf die innergemeindliche Kommunikation reduziert hat. Ein krasses Beispiel dafür ist der zweite Johannesbrief, dessen Verfasser dazu ermahnt, Abweichlern von der "Lehre Christi" (gemeint sind innergemeindliche Gegner) die Gastfreundschaft zu verweigern (V. 10). Es besteht also gar kein Grund dafür, die Jesusüberlieferung, zumal in ihrer "Umsetzungsphase" des 1. Jh. n. Chr., dem AT nur entgegenzusetzen, denn die frühchristliche Entwicklung zeigt selbst die Schwierigkeiten mit dem Anspruch Jesu allzu deutlich.

Natürlich hat auch das atl. Israel über sein Verhältnis zum Feind reflektiert:

> Hat dein Feind Hunger, gib ihm zu essen, hat er Durst, gib ihm zu trinken; so sammelst du glühende Kohlen auf sein Haupt, und der Herr wird es dir vergelten (Spr 25,21f).

Oder das Bundesbuch Israels regelt das Verhalten gegen den Feind:

> Wenn du dem verirrten Rind oder dem Esel deines Feindes begegnest, sollst du ihm das Tier zurückbringen (Ex 23,4).

Diese beiden Belege haben eine reiche Auslegungsgeschichte in der rabbinischen Literatur erfahren.

Die Radikalität des Jesusgebotes wird hier freilich nicht erreicht, vor allem deshalb nicht, weil bei Jesus keine Verursachung einer existenzbedrohenden Situation durch den "Feind" im Hintergrund steht. Zudem wird in Spr 25,21f die Anweisung durchaus vernünftig mit dem Hinweis auf die Vergeltung durch Gott begründet.

Das tut das jesuanische Gebot eben nicht. Das Wort Jesu fordert ohne weitere Begründung liebendes Verhalten zum Feind, der im Alltag begegnet, bleibt aber nicht auf der Ebene des Privaten stehen. Jesu "unsystematische", d. h. nicht auf bestimmte Fälle eingegrenzte Weisung (die in privaten Angelegenheiten, aber auch in gesellschaftlichen Situationen, z. B. im Produzieren von "Feindbildern" aufgrund von politischer oder religiöser "Unzuverlässigkeit" greifen soll) setzt den Hörer allein der Radikalität des Wortes aus. Deshalb macht Jesus auch nicht den geringsten Versuch, seine Maßgabe einsichtig zu begründen. Er ruft den Hörer seiner Botschaft einzig und allein aus eigener Autorität zur Nachahmung seines Verhaltens auf. Die einzige "Begründung" Jesu ist, daß er mit seinem Verhalten *Gottes* Verhalten abbildet. Zwar weiß auch der jüdische Zeitgenosse, zumal wenn er mit den Apokalyptikern auf das baldige Eingreifen Jahwes in das Weltgeschehen wartet, daß er das Gericht allein Gott überlassen muß, aber Jesus zieht die provozierende Konsequenz, daß er den Menschen, der ängstlich mit Gott rechnet und kalkuliert, gerade in solchem Denken irritiert. Nur von der Botschaft der Herrschaft und der den Menschen bedrängenden Liebe Gottes zu seinem Geschöpf her läßt sich das Gebot der Feindesliebe aussprechen, das deshalb auch nur im Vertrauen auf den von Jesus bezeugten Gott möglich ist.

Für die zelotischen Eiferer, die ihr Feindbild in den Römern, aber auch in denjenigen Juden hatten, die sich ihrer Sache der gewaltsamen Befreiung Israels von der Herrschaft der Heiden nicht anschlossen, mußte das Wort eine reine Provokation sein. Gerade diesen Weg der Durchkreuzung des Feindbildes geht Jesus: Für ihn ist es grundsätzlich völlig relativ, wo der Feind sitzt, ob es ein frommer oder militanter Jude oder gar ein Heide ist.

Für Jesus ist nur klar, daß auch der Feind das unantastbare Geschöpf Gottes ist und aus dem Verhalten Gottes der Maßstab für menschliches Verhalten resultiert. Auch hier zeigt sich: Jesus wendet sich einerseits mit seiner Botschaft an Israel, nimmt aber andererseits wenigstens indirekt auch den Heiden in den Blick, weil er alle national verengten Zuweisungen unterläuft und es ihm nur auf die Erfüllung des Gotteswillens ankommt. Dieser allein ist wiederum deshalb das Ziel, weil Gottes universaler Heilswille die Welt der Gegensätze überwindet. Das kommt sehr prägnant in der Aussage über Gottes Verhalten (Mt 5,45: "Denn er läßt seine Sonne aufgehen über Bösen und Guten und läßt regnen über Gerechte und Ungerechte") und die anschließenden provozierenden Fragen Jesu an die Hörerschaft zum Ausdruck:

> Wenn ihr nämlich nur die liebt, die euch lieben, welchen Lohn habt ihr dann? Tun das nicht auch die Zöllner? Und wenn ihr nur eure Brüder grüßt, was tut ihr dann besonders? Tun dasselbe nicht auch die Heiden? (Mt 5,46f).

Kommen wir zurück zur "Begründung" des Gebots durch Jesus: Eine rational einsichtige Begründung, gerade den *Feind* zu lieben, ist das Argument der Zuwendung Gottes zu Gerechten und Ungerechten gewiß nicht. Denn schon das setzt einen Glauben voraus, der das reine Vernunftdenken überschreitet. Der springende Punkt ist für Jesus ja gerade der, daß sich sein Gebot nicht "vernünftig" begründen läßt. Schon gar nicht kann das Verhalten Gottes im Sinne der Logik zur Einsicht und stringent zur Überzeugung führen. Aus innerer, auch "theologischer" Logik ist schließlich auch Gottes Zuwendung zu den Gesetzlosen und Sündern, die Jesus in seinem Verhalten darstellen will, nicht ableitbar. Jesus fordert, indem er das Ziel, "Söhne Gottes" zu werden, vorgibt, in aller Provokation und Paradoxie dazu auf, im besten Sinne "unvernünftig", d. h. nicht allein auf der Basis von kalkulierender menschlicher Logik und Vernunft zu handeln, sondern sich ganz von Gottes Prinzip der Bedingungslosigkeit und Vorleistung leiten zu lassen, das er in seinem Handeln praktisch anschaulich macht und als einzigen gottentsprechenden Weg sieht.

Läßt sich das politisch anwenden? Die Frage nach der *politischen* Umsetzbarkeit des Gebotes der Feindesliebe hat diese Akzentuierung und Zuspitzung der Intention Jesu sicher zu beachten und sorgfältig zu gewichten. Das größte Problem für die Politik ist allerdings das Spannungsverhältnis zwischen Handlungsauftrag aus dem Geiste Jesu heraus und Verantwortung in den realen Weltverhältnissen. Die Frage ist, ob die Politik sich von der "Un-Vernunft" Jesu leiten lassen kann. Daß sie es faktisch nicht tut - und auch schon zur Zeit Jesu nicht tat -, ist für Jesus nur ein Nachweis für die nachhaltig gestörte Schöpfung Gottes, deren Restitution in seinem Wirken aufscheinen soll. Jesus vertritt damit die positiv-optimistische Option der Wiederherstellung der göttlichen Schöpfungsordnung. Das Ziel, "Söhne Gottes" zu werden, ist kein Status oder Besitz, sondern im Sinne Jesu die ständige Herausforderung, "über die Verhältnisse", nämlich über die Realitäten hinaus zu leben. Noch einmal: Das ist - so Jesus - nur möglich in der provozierenden Annahme des paradoxen Verhaltens Gottes, zu dem er durch die Aufforderung zur Bejahung seiner Botschaft drängt.

Natürlich liegt hier der Verdacht des naiven Weltverbesserers gegen Jesus nahe. Zu einem solchen hat die Kirche ihn in bestimmten Phasen ihrer Geschichte faktisch selbst gemacht, wenn sie Glauben mit fundamentalistischer Ideologie verwechselte und die Seligpreisung der Friedensstifter durch Kreuzzugsmentalität ersetzte. In solcher Realität mußte Jesus als Phantast erscheinen. Aber hinter der vermeintlich aufgezwungenen Prioritätensetzung der "Sachzwänge" verbirgt sich eine grundlegende Skepsis gegen das in den Augen Jesu Mögliche, und diese Skepsis soll auch nicht einfach für völlig abwegig erklärt werden. Nur muß man wissen, daß solche Skepsis auch Jesus selbst nicht verborgen blieb, war sie doch ebenso Ausdruck einer verbreiteten Stimmungslage in der Zeit zwischen dem 3. vorchristlichen und 2. nachchristlichen Jahrhundert. Literarisch hat sich das im AT z. B. im Buch Kohelet und im Weisheitsbuch niedergeschlagen.

Wenn man das berücksichtigt, ist Jesus trotz des Wissens um diese Skepsis und die Popularität des Pragmatischen für das scheinbar Unmögliche eingetreten, wohl in der Einsicht, daß mit einer Reduktion politischer oder gar ethischer Handlungsziele allein auf das vermeintlich Machbare keine Zukunft mehr gestaltbar ist.

Jesus läßt das alles nicht im Theoretischen stehen, sondern geht sehr konkret auf die möglichen Realitätserfahrungen seiner Adressaten ein:

> Dem, der dich auf die Wange schlägt, halt auch die andere hin, und dem, der dir den Mantel wegnimmt, laß auch das Hemd. Gib jedem, der dich bittet; und wenn dir jemand etwas wegnimmt, verlang es nicht zurück (Lk 6,29f).

In diesen Sprüchen wird die Zumutung für ein "vernünftiges" Handeln eklatant. Den gängigen Erfahrungsregeln entspricht der Kreislauf von Gewalt und Gegengewalt als einem unausgesprochenen "Gesetz". Das war natürlich auch zur Zeit Jesu so, wie die vielen kleinen Aufstände und deren Niederschlagung in Palästina zur Zeit Jesu zeigen. Der Spruch Jesu gewinnt dazu noch an Schärfe, wenn man in dem Schlag auf die Wange nicht nur die handgreifliche Auseinandersetzung sieht, sondern vor allem die Demütigung und Schmach, auf die der Geschlagene mit dem Hinhalten der anderen Backe reagieren soll. Ein Vers aus den Klageliedern des AT (3,30) bietet dafür eine wichtige Verständnishilfe:

> Er [der leidende Fromme] biete die Wange dem, der ihn schlägt, und lasse sich sättigen mit Schmach.

Das Hinhalten der anderen Wange ist dann nicht so sehr eine Geste der Hinnahme und des Ertragens des Unrechts, sondern vielmehr eine aktive Desavouierung des scheinbar Mächtigen, eine Bloßstellung des Feindes. Das geht ebenfalls aus dem Spruch der Bergpredigt über Mantel und Hemd hervor (s.o. Lk 6,30).

Es mag überraschen, daß hier die Bildfolge vom Wertvolleren zum weniger Wertvollen verläuft (Mantel - Hemd), aber ist es in der Sache nicht vielmehr eine Anti-Aussage zu der scheinbar vernünftigen und sprichwörtlich gewordenen Maxime, daß einem das Hemd näher ist als der Rock? Das Hemd ist im übrigen unter den klimatischen Bedingungen Palästinas oft das einzige, was man trug. Konkreter kann Jesus also gar nicht mehr werden.

Wenn man die Aussage stärker vom Beispiel des Mantels her betrachtet, ist der Bezug zum Rechtsstreit deutlicher zu gewichten. Ex 22,25f heißt es:

> Nimmst du von einem Mitbürger den Mantel zum Pfand, dann sollst du ihn bis Sonnenuntergang zurückgeben; denn es ist seine einzige Decke, der Mantel, mit dem er seinen bloßen Leib bedeckt. Worin soll er sonst schlafen? Wenn er zu mir schreit, höre ich es, denn ich habe Mitleid.

Wenn man also die Jesusworte in diesem Zusammenhang liest, sind sie als Maßgabe zu verstehen, sein Recht gar nicht auf dem Wege des Prozesses einzufordern, sondern dem, der etwas schuldet, auch noch zu geben. Das würde sich in die Mahnung des Spruches Lk 6,30 einfügen:

> Gib jedem, der dich bittet; und wenn dir jemand etwas wegnimmt, verlang es nicht zurück.

Es geht Jesus gewiß nicht um eine Demutshaltung, die "um des lieben Friedens willen" alles erträgt und dabei faktisch alle notwendigen Konflikte unter den Teppich kehrt, gesellschaftlich gesehen dann (ungewollt) alle ungerechten Strukturen letztlich stabilisiert, sondern es geht um die Praxis des Paradoxen, des "Ver-rückten", das den vermeintlich Stärkeren entlarvt und provoziert. Mag der Weg des gewaltsamen Widerstandes auch noch so attraktiv für die Konfliktbewältigung sein und Erfolg versprechen, mit dem Jesuswort läßt er sich nicht vereinbaren.

Es gibt aus der jüdischen Geschichte z. Zt. Jesu Berichte über gewaltlosen Widerstand jüdischer Gruppen gegen das Aufstellen von Kaiserbildern in Jerusalem bzw. im Tempel, der Pilatus bzw. Petronius als Statthalter Roms dazu nötigte, von dem ursprünglichen

Vorhaben abzusehen. Hier ist von pazifistischen Aktionen die Rede, die den jeweiligen Statthaltern klarmachen, daß ein mögliches Blutbad unter den Protestgruppen die Gesamtlage unkontrollierbar machen müßte und die deshalb aus Vernunftgründen das Umdenken herbeiführten. Hier sieht man zweifellos die Macht der Gewaltlosigkeit. Sie ist durch den Druck der Masse möglich. Die Leipziger Demonstrationen vom Herbst 1989 bieten dazu bestes Anschauungsmaterial aus der jüngeren Geschichte. Jesus fordert allerdings Gewaltlosigkeit gerade auch in der realen Ohnmachtssituation, auch da, wo kein Druck durch die Masse erzielt werden kann. In der Provokation durch utopisches, paradoxes Handeln liegt seine "Strategie". Mit etablierter Vernunft läßt sich zwar vieles im Leben ordnen und organisieren, aber kein Leben gewinnen. Jesus nötigt den Menschen zur Gewinnung des Lebens in äußerster Risikobereitschaft. Aber er hält eine solche Utopie selbst für realisierbar und beansprucht deren Verwirklichung in seinem Handeln. Die Idee des Paradoxen, die als seine Leitlinie hinter der Konstruktion seiner Gleichniserzählungen liegt, hat in der Proklamation der Bergpredigt ihre unverkennbare Parallele.

Es bleibt indes immer noch die Frage, ob Jesus in seinem Programm der Feindesliebe nicht doch letztlich ein "realitätsfremder" Utopist bleibt oder bleiben *muß*. Die Geschichte bzw. sein eigenes Geschick scheinen diesem Urteil Recht zu geben, aber dann historisch auch nur vordergründig, weil sich letztlich die Geschichte des vermeintlich Ohnmächtigen gegen die Mächtigen durchsetzen sollte. Daß sich die Gruppe um Jesus nach dem Desaster des Karfreitags, an dem der Nazarener sein Programm der Feindesliebe bis zur Selbstaufgabe durchtrug, genau am Ort der Liquidierung ihres Meisters wieder konstituierte, mag der jesuanischen Praxis zumindest in ihrer Wirkungsgeschichte des Neuaufbruchs nach Ostern Recht geben.

Es geht Jesus bei seinem Gebot natürlich nicht um Ohnmacht als Selbstzweck; das ist nicht sein Ziel. Es geht ihm durchaus um Macht und Durchsetzung seiner Idee und seines Anspruches, nicht zuletzt auch um die Durchsetzung seiner Sammlungsbewegung in der Gesellschaft des real existierenden Israel, aber eben mit einer "entwaffnenden" Strategie, die das Mittel der Provokation anwendet. Wenn Jesus aber seinen Adressatenkreis auf das Gebot der Feindesliebe verpflichtet, vertraut er auf die Durchsetzbarkeit und den Erfolg dieser Strategie.

d) Die Antithesen der Bergpredigt - ein neues Gesetz?

Im letzten Abschnitt wurde schon ein Themenbereich angeschnitten, der auch im Rahmen der Behandlung der "Feindesliebe" hätte angesprochen werden können. Denn zumindest bei Mt gehören das Gebot der Feindesliebe und das Verbot der Wiedervergeltung zu diesen sog. Antithesen.

"Antithese" bedeutet: Einem Zitat oder einem vermeintlichen Gedanken aus dem AT wird ein Jesuswort, welches die atl. Überlieferung außer Kraft setzt, gegenübergestellt. Lk überliefert diese Gebote ebenfalls und gibt die ihm und Mt zugrundeliegende Überlieferung in der Form wahrscheinlich nahezu authentisch wieder. Das bedeutet, daß Mt oder ein ihm vorausliegendes Überlieferungsstadium, das dann zwischen der Q-Tradition und dem Evangelisten selbst anzusiedeln wäre, einige Antithesen selbst in diese Form gebracht hat. Geläufig unterscheidet man deshalb zwischen sog. "primären" und "sekundären" Antithesen. Natürlich entscheidet die antithetische *Form* nicht über die Authentizität des *Inhaltes* der Sprüche (s. oben das Gebot der Feindesliebe, das auch ohne antithetische Form authentisch ist).

Zu den primären Antithesen, die Mt schon vorgelegen haben und mit hoher Wahrscheinlichkeit auf Jesus zurückgehen, gehören die erste, zweite und (möglicherweise) vierte Antithese. Aber auch die primären Antithesen sind in ihrem vorliegenden Wortbestand nicht gleichzusetzen mit der Jesuspredigt, sondern haben im Laufe der Überlieferung Erweiterungen erfahren. Das ist allerdings im Rahmen der historischen Rückfrage von untergeordneter Bedeutung.

Ganz ohne zeitgenössische Analogien im Judentum sind übrigens auch die Antithesen nicht: In rabbinischen Schriftauslegungen begegnet verschiedentlich die Gegenüberstellung "ich könnte auffassen ... aber du sollst sagen"; mitunter wird auch (ohne eigentliche Antithese) die eigene Auslegung der anderer durch ein betontes "Ich aber sage" gegenübergestellt.

(1) Die *erste Antithese* lautet in ihrer wahrscheinlichen Ursprungsform (vgl. Mt 5,21f.):

> Ihr habt gehört, daß zu den Alten gesagt wurde: "Du sollst nicht töten." Wer tötet, soll dem Gericht unterworfen sein! Ich aber sage euch: Jeder, der seinem Bruder zürnt, soll dem Gericht verfallen sein.

Das "Zitat" Jesu ist nicht ganz genau, denn das Dekaloggebot Ex 20,13 bzw. Dtn 5,17 beinhaltet nur das Mordverbot, nicht aber die Folge der Gerichtsverfallenheit. Diese hat natürlich eine wichtige Funktion im Wort Jesu: Sie stellt einmal warnend das Gericht Gottes in den Raum; das verweist uns wieder auf den Hintergrund der Gottesreichverkündigung, die dem Hörer der Botschaft Jesu die Möglichkeiten seiner Zukunft eröffnet, ihm aber auch als Konsequenz das warnende Gericht vor Augen führt. Andererseits will die Gerichtsaussage - und darauf liegt sicher der Schwerpunkt - die qualitative Steigerung des Zürnens gegenüber dem Töten unterstreichen. Ein Verzicht auf das Töten ist nämlich noch keine Antwort auf die Zuwendung Gottes, mit ihr ist der Mitmensch als Geschöpf Gottes noch nicht hinreichend respektiert; die Störung der Schöpfung liegt tiefer und damit auch der Anspruch an den Jesusnachfolger, dem eingeleiteten Prozeß der Erneuerung der Schöpfungsordnung auch in der Praxis zu entsprechen.

Damit ist auch die zweite Funktion des Gerichtsgedankens angesprochen, die wieder eine für Jesus so typische Paradoxie aufweist: Der Satz "Jeder, der ..." hat formal gesehen eine *rechtliche* Struktur. Aber *inhaltlich* übersteigt der Satz "Wer zürnt, verfällt dem Gericht" die Fixierbarkeit rechtlicher Ansprüche. Denn Jesus parallelisiert hier ein nicht objektivierbares, d. h. aber auch nicht nachprüf- und nicht nachweisbares Verhalten (das deshalb in einem Prozeß überhaupt nicht verhandelt werden könnte) mit dem Tatbestand einer Rechtsverletzung, die beweisbar sein muß und nur deshalb auch straffähig ist.

Jesus setzt also auch hier wieder das Mittel der paradoxen Überspitzung ein, um damit zum Ausdruck zu bringen, daß seine Botschaft ein Verhalten erfordert, welches sich auch dann dem gerichtlichen Urteil auszusetzen hat, wenn es, menschlich gesehen, gar nicht mehr be- oder verurteilt werden kann. Das bedeutet nicht weniger als daß der Jesusnachfolger nach Maßstäben leben muß, die sich nicht an rechtlichen Kategorien orientieren, sondern im Ansatz schon darüber hinausgehen.

(2) Die *zweite Antithese* lautet in der ursprünglichen Form etwa folgendermaßen (vgl. Mt 5,27f.):

> Ihr habt gehört, daß gesagt wird: "Du sollst nicht ehebrechen." Ich aber sage euch: Jeder, der auf eine Frau blickt, um sie zu begehren, hat schon mit ihr Ehebruch begangen (in seinem Herzen).

Wieder geht das atl. Zitat auf ein Verbot des Dekalogs zurück (Ex 20,14: "Du sollst nicht die Ehe brechen"), dem Jesus jetzt sein eigenes Gebot gegenüberstellt. Dabei geht es ihm nicht darum, den Kontakt mit Frauen zu meiden, wie sein gut bezeugter vorbehaltloser Umgang mit Frauen hinreichend erkennen läßt. Auch den Schutz der Ehe müßte Jesus nicht eigens hervorheben, denn in dieser Hinsicht besteht zwischen ihm und seiner jüdischen Umwelt mit Sicherheit kein Dissens; die Verurteilung des Ehebruchs teilte Jesus mit seiner Zeit. Jüdische Schriftauslegungen wie: "Auch der, welcher mit seinen Augen die Ehe bricht, wird Ehebrecher genannt" sind keine Seltenheit. Um die Integrität der Ehe zu unterstützen, brauchte Jesus also nicht eine so autoritative Verkündigungsform vorzubringen.

Im Grunde geht es ihm wieder um dasselbe wie vorher in der ersten Antithese. Zwar kommt der eben zitierte jüdische Spruch Jesus relativ nahe, aber Jesus zielt auf die Verurteilung eines Tatbestandes, der im Gegensatz zum vollzogenen Ehebruch nicht einklagbar ist. Das Ziel der Aussage ist aber auch nicht primär "gesinnungsethisch", sondern in der Anlage der Denkstruktur grundsätzlich gesetzesüberwindend: Gerade das, was sich nicht mehr als Rechtsanspruch fixieren läßt, ist für seine Nachfolger verbindlich und im Sinne Jesu die angemessene Antwort auf sein Wirken. Damit wären wir wieder bei dem prophetisch zuspitzenden Anspruch Jesu an seine Adressaten, sich auf eine Weise auf Gottes Herrschaft einzulassen, die nicht mehr zu "regeln" und "gesetzlich" zu ordnen ist. Damit ist nicht das Gesetz in seiner Ordnungsfunktion grundweg aufgehoben, sondern es wird lediglich sein Anspruch, der Weg zur Erfüllung des Gotteswillens zu sein, bestritten.

(3) Die *vierte Antithese* lautete in der ursprünglichen Form etwa folgendermaßen (vgl. Mt 5,33-37):

> Weiter habt ihr gehört, daß gesagt wurde: "Du sollst keinen Meineid schwören." Ich aber sage euch: Ihr sollt überhaupt nicht schwören, vielmehr sei euer Ja ein Ja und euer Nein ein Nein.

Anders als bei den beiden vorhergehenden Antithesen nimmt Jesus hier nicht auf ein Gebot oder Verbot des Dekalogs oder des AT Bezug; in Frage kommt als atl. Wort aber Lev 19,12:

> Ihr sollt nicht falsch bei meinem Namen schwören; du würdest sonst den Namen deines Gottes entweihen. Ich bin der Herr.

Auch Ps 50,14b ist eine Anspielung:

> ... und erfülle dem Höchsten deine Gelübde.

Damit ist noch nicht der Eid als solcher getroffen. Vorbehalte gegen die zur Praxis gewordenen Eidgewohnheiten gab es in weiten Kreisen des Judentums zur Zeit Jesu, nicht zuletzt durch die Schriftgelehrten:

> Gewöhne deinen Mund nicht ans Schwören, den Namen des Heiligen zu nennen, gewöhne dir nicht an!

Josephus berichtet von den Essenern:

> Das [Sir 23,9] gegebene Wort gilt bei ihnen mehr als ein Eid; ja, sie unterlassen das Schwören, weil sie es für schlimmer als den Meineid halten. Wer ohne Anrufung der Gottheit keinen Glauben finde, der sei, sagen sie, schon im voraus gerichtet (Jüd. Krieg 2,135).

Die Schwurkritik geht allerdings weit über das Judentum hinaus und wird auch von zeitgenössischen hellenistischen Wanderphilosophen geteilt, die den Eid als eines freien Mannes für unangemessen erachten, was sogar aus diesem Grunde bis zum Schwur*verbot* gehen kann (so z. B. Epiktet 33,5).

Das NT überliefert das Schwurverbot noch in Jak 5,12, wahrscheinlich in einer dem Jesuswort näherliegenden Fassung:

> Vor allem aber, meine Brüder, schwört nicht - weder beim Himmel noch bei der Erde noch irgendeinen anderen Eid. Es sei euer Ja ein Ja, und das Nein ein Nein, damit ihr nicht unter das Gericht fallt.

Die jüdische Kritik am Eid läßt darauf schließen, daß der Schwur im täglichen Leben keine Ausnahme, sondern fast zur Gewohnheit geworden war. Jesus stimmt nun aber nicht nur in jene Reserve gegenüber dem Schwören ein, sondern setzt den Eid grundsätzlich außer Kraft.

Das Eidverbot Jesu hat auch eine politische Dimension angesichts der Tatsache, daß die staatlichen Loyalitätseide nicht gerade selten waren. Josephus berichtet z. B., Herodes habe das Volk unter Androhung der Todesstrafe zu solchen Loyalitätseiden gezwungen, allerdings sei er gegen einige Pharisäer, die sich geweigert hätten, den Eid zu leisten, nicht eingeschritten; ebenso habe er den Essenern die Eidespflicht erlassen. Andererseits seien viele, die den Eid nicht hätten leisten wollen, umgebracht worden (Jüd. Altertümer 15,10,4). So gesehen bekommt das Eidverbot also noch eine politische Zuspitzung. Es wäre freilich kurzschlüssig zu meinen, Jesus ginge es um das Eidverbot als solches. Es geht ihm um den Anspruch auf Integrität und Wahrhaftigkeit des Menschen, frei von jeder Sicherheit und Versicherung, die ja letztlich ein Zeichen von Mißtrauen und Zweifel sind. Als Antwort auf Gottes den Menschen im Verhalten Jesu einholende liebende Initiative kann es nur die radikale Offenheit und Zuverlässigkeit geben, die auf eine Inanspruchnahme Gottes für die Versicherung wahrhaftiger Beziehungen zu verzichten bereit ist. Insofern spielt der Schwur hier eine ähnliche Rolle wie in den beiden vorhergehenden Antithesen das Gesetz. Das in allen drei Antithesen geforderte vorbehaltlose "Ja" des Menschen zu seinem Nächsten leitet Jesus von dem von ihm verkündigten vorbehaltlosen "Ja" Gottes zum Menschen ab und setzt großes Vertrauen darauf, daß der Mensch auch jetzt schon in der Lage ist, das Verhalten Jesu in seine eigene gegenwärtige Lebenspraxis umzusetzen.

6. Jesus und das Gesetz - sein Verhältnis zu den Sabbat- und Reinheitsvorschriften

Die Antithesen haben gezeigt, daß Jesus die Autorität beansprucht, sich über das Gesetz zu stellen, ohne es aufzuheben. Er relativiert es in der Kompetenz, die ihm im frommen Judentum seiner Zeit zugesprochen wird, und sieht in ihm nicht mehr als eine Ordnungsfunktion menschlicher Verhältnisse, aber nicht die angemessene Ebene zur Erfüllung des Gotteswillens. Oder besser gesagt: auf der Ebene der Gesetzeserfüllung läßt sich der bedingungslosen liebenden Initiative Gottes im Hinblick auf den Menschen nicht angemessen entsprechen. Das läuft auf die Forderung hinaus, den Gotteswillen zu tun, ohne das Gesetz als Sicherheit ("was *muß* ich tun?" ist die Frage des Schriftgelehrten in der Samaritergeschichte Lk 10,25) gewissermaßen "im Rücken" zu haben. Gewiß darf man hier keinen zu scharfen Gegensatz zwischen Jesus und dem zeitgenössischen Judentum konstruieren, weil gerade für den Juden die Erfüllungsmöglichkeit des Gesetzes auf das Gnadenwirken Jahwes zurückzuführen ist. Aber ganz harmonisch ist das Verhältnis sicher auch nicht.

Die Spannung zwischen beanspruchter Autorität Jesu als Kriterium der Erfüllung des Gotteswillens und Erfüllung der Gesetzesvorschriften des Judentums bricht vor allem an der Frage der *Sabbat- und Reinheitsvorschriften* auf. Mk 7,1-23 überliefert eine Konfrontation Jesu mit Pharisäern und Schriftgelehrten, in der es vor allem um die Frage des Umgangs Jesu und seiner Jünger mit den Reinheitsvorschriften geht. Der Kernsatz Mk 7,15 ("Nichts, was von außen in den Menschen hineinkommt, kann ihn unrein machen, sondern was aus dem Menschen herauskommt, das macht ihn unrein") läßt sich aller Wahrscheinlichkeit nach auf Jesus zurückführen, zumindest der erste Halbsatz mit seiner Hauptaussage.

Grundlage für die Reinheitspraxis des Judentums bilden die atl. Reinheitsgesetze in Lev 11-15 (vgl. auch die Speiseverbote in Dtn 14,3-21). Wenn Jesus also die Unreinheit durch äußere Einflüsse bestreitet und dem ein anderes Verständnis von Reinheit bzw. Unreinheit entgegenhält, setzt er sich wie in den Antithesen über an sich maßgebliche Kernvorschriften hinweg und erhebt den Anspruch, prinzipiell unter Umgehung des bestehenden Gesetzes und seiner Vorschriften den Gotteswillen authentisch und verpflichtend auszulegen.

Die Beachtung der Reinheitsvorschriften war dem Judentum Jesu heilig. Das geht auch aus dem Abschnitt Mk 7 hervor, wo Mk die Praxis der Händewaschung (fälschlicherweise) auf alle Juden überträgt. Umfangreiche rituelle Badanlagen aus herodianischer Zeit im heutigen jüdischen Viertel von Jerusalem, die wahrscheinlich wohlhabenden priesterlichen Familien gehörten - auch in Jericho wurden solche Anlagen von Priesterfamilien gefunden -, zeigen die Bedeutung der Reinheitsvorschriften. Diese sind aber nicht nur von Priestern peinlich genau eingehalten, sondern vor allem von pharisäischen, aber auch von nicht-pharisäischen Kreisen, selbstverständlich auch von den Essenern, praktiziert worden. Insbesondere lag den Pharisäern an der Reinheitspraxis auch außerhalb des Tempels bis in den privaten Lebensbereich hinein mit der Zielvorstellung, das ganze

Volk müsse heilig sein wie der Tempel heilig sei. Letztlich versuchte der fromme Jude damit dem Zentralpunkt der Tora, nämlich dem "Heiligkeitsgesetz" (Lev 17-26), zu entsprechen. Die Heiligkeit vor Gott erwuchs nach pharisäischer Auffassung sicher nicht *nur* durch die rituelle Praxis, aber eben doch gewiß *nicht ohne sie*. Das ernsthafte und fromme Anliegen, das "weltliche" Leben nicht vom religiösen Leben zu trennen, weil Gott der Schöpfer des ganzen Lebens sei, ist dabei auf jeden Fall zu würdigen. Das Problem liegt nur da, wo das Reinheitsgesetz dermaßen verselbständigt und skrupulös gehandhabt wird, daß es *faktisch*, nicht programmatisch, zur Ausgrenzung für unrein erachteter Menschen führt. Diese Gefahr war zumindest in den frommen pharisäischen Kreisen gegeben.

Frömmigkeit lebt immer in einer gewissen Selbstgefährdung, auch heute, wenn man z. B. an die faktische Diskriminierung von wiederverheirateten Geschiedenen infolge kirchlicher Vorschriften denkt; die Betroffenen werden in der Praxis von den vermeintlich Frommen oft zu Sündern erklärt. Unter Beanspruchung des Gotteswillens geschieht hier viel Unrecht. Auch und gerade die fromm und gut gemeinte Bewahrung der Tradition fordert mitunter ihre Opfer und verkehrt sich damit ins Gegenteil.

Das pharisäische Reinheitsideal erforderte eine strikte Trennung von allen Unreinen. Aus der Einsicht heraus, sich durch den Kontakt mit Unreinen selbst zu verunreinigen, schloß man sich von diesen Kreisen radikal ab. Deshalb werden die Pharisäer oft mit der im Judentum belegten Gruppe der Chaberim (Genossenschaften, die sich absondern) gleichgesetzt. Unabhängig davon, ob die Pharisäer tatsächlich eine solche abgeschlossene Gemeinschaft gewesen sind, kann folgende jüdische Vorschrift veranschaulichen, was die "Abgrenzungspflicht" für den Juden bedeutete:

> Wer es auf sich nimmt, chaber (Genosse) zu sein, verkauft nicht einem Amha-Arets Frisches oder Trockenes und kauft von ihm nicht Frisches oder Trockenes, und ist nicht bei einem Am ha-Arets zu Gast und empfängt diesen in seiner Bekleidung nicht bei sich (zitiert nach G. Stemberger, Pharisäer, Sadduzäer, Essener, Stuttgart 1991, S. 79).

Wer waren diese Amha-Arets? In der israelitischen Königszeit war es das "Volk des Landes", das einen König einsetzt:

> Dann nahm das Volk des Landes Joahas, den Sohn Joschijas, salbte ihn und machte ihn zum König an seines Vaters Stelle (2 Kön 23,30).

In exilischer bzw. nachexilischer Zeit sind die Am ha-Arets vornehmlich die Kreise der Ärmsten, die im besetzten Juda geblieben waren (2 Kön 24,14: "Von den Bürgern des Landes blieben nur die geringen Leute zurück.") oder Fremde, mit denen sich Juden vermischt hatten. Esra 10,10 heißt es in einem jüdischen Bekenntnis:

> Der Priester Esra stand auf und sagte zu ihnen: Ihr habt dem Herrn die Treue gebrochen; ihr habt fremde Frauen genommen und so die Schuld Israels noch größer gemacht.

Es können auch einfach Heiden sein:

> Du [Jahwe] gabst sie [die Juden] in die Gewalt der Völker der Länder (Neh 9,30).

In der Mischna (Sammlung religiöser Gesetze des rabbinischen Judentums) sind die "Leute vom Lande" vor allem die Gesetzesunkundigen, die gegen die Ritualvorschriften verstoßen.

Gegenüber der Distanzierung frommer jüdischer Kreise von diesen Unreinen und Gesetzesunkundigen geht Jesus den umgekehrten Weg. Er erklärt schlichtweg die Ursache für die vermeintliche Unreinheit für nicht existent und sieht in der Zuwendung zu den Gesetzlosen, Zöllnern und Sündern den einzigen Weg, Gottes Zuwendung zu seinem Geschöpf abzubilden und den Diskriminierten neues Selbstwertgefühl und neue Identität zu verleihen. Natürlich war auch für die frommen Kreise die ritualgesetzliche Praxis der Weg zu einem anderen Ziel, nämlich der Qualifizierung zu einem neuen Gottesverhältnis. Aber da das Ritualgesetz die Vorbedingung dafür war, war dieses Ziel nur theoretisch allen möglich. Wieder wird hier deutlich, daß sich bei Jesus die Relationen verschieben, damit aber auch die Sache: Nicht mehr das Gesetz hat die Kompetenz, das Verhältnis zu Gott zu ermöglichen, sondern allein er und seine Auslegung des Gotteswillens, welche sich dann allerdings als Erleichterung gerade für die erweist, die wegen ihres Unvermögens zu den Außenseitern zählen.

Ähnlich verfährt Jesus mit dem Sabbat: Die Heiligkeit des Sabbats ist, auch wenn er sehr unkonventionell mit dem Gebot umgeht, für ihn selbstverständlich. Ebenfalls ist das Judentum seiner Zeit in der Sabbatfrage nicht kompromißlos und verengt, sondern kennt durchaus die Möglichkeit, unter ganz bestimmten Voraussetzungen die

Sabbatvorschriften übertreten zu dürfen. Der Unterschied zwischen Jesus und der religiösen Führung besteht ganz einfach darin, daß Jesus den Anspruch erhebt, sich über die Einhaltung des Sabbatgebotes *kraft der ihm von Gott gegebenen Autorität* hinwegsetzen und den Anspruch erheben zu können, den Gotteswillen aus eigener Legitimation authentisch auszulegen. Das ist etwas anderes als eine liberale Position in der Sabbatfrage, die im Judentum des zweiten Tempels in vielen Variationen vorgelegen hat. Jesus hat offenbar in der grundsätzlichen Freiheit von den tragenden Gesetzesbestimmungen des Judentums den Weg gesehen, seine Überzeugung von der bedingungslosen Zuwendung Gottes in seinem Wirken verständlich und erfahrbar zu machen und jenen Gott zu erschließen, der sich Israels schon auf seinem Weg durch die Geschichte aus freier Initiative rettend angenommen und das Gebot als ein Gebot zum Leben verstanden hatte. Nicht zufällig spricht die Grundaussage des Dekalogs von der durch Jahwe bewirkten Befreiung Israels aus der Knechtschaft (Ex 20,2).

Dieser Anspruch war für die Führungskreise Israels indes eine Provokation. Das läßt sich auch dann noch sagen, wenn man einräumt, daß eine Reihe von Konfliktgeschichten zwischen Jesus und den gesetzestreuen Gruppen des Judentums eher auf eine Diskussion der nachösterlichen Gemeinde mit der Synagoge schließen läßt. Daß Jesus aber grundsätzlich mit dem ganzen Volk, also auch mit religiös nicht oder nicht hinreichend Qualifizierten, Tischgemeinschaft gepflegt hat, ohne das Problem der Reinheitsregeln zur Bedingung zu machen, läßt das gegen ihn gerichtete Verdikt, er sei ein Freund von Zöllnern und Sündern, er sei ein Fresser und Säufer, noch hinreichend erkennen (vgl. Lk 7,34).

Wenn Jesus sich nicht abgrenzte, sondern gerade auf Randgruppen zuging oder auch nur den Unterschied zwischen Juden und Heiden relativierte, konnte er gar nicht vermeiden, sich nach Vorstellung der Frommen zu verunreinigen. Als in dieser Hinsicht Verunreinigter den Anspruch zu erheben, authentischer Interpret des Jahwe-Willens zu sein, mußte zwangsläufig Ärgernis erregen. Indes ist die oft vertretene Meinung, Jesu Gesetzesverhalten sei ausschlaggebend für seine Verurteilung zum Tod gewesen, weder von der jüdischen Rechtslage her gedeckt noch aus dem Prozeß gegen Jesus zu belegen. Aus diesem Konflikt läßt sich ebensowenig entnehmen, Jesus habe schon während seiner Verkündigung das Scheitern seines Wirkens absehen müssen, im Gegenteil: Wenn Jesus den Anspruch erhob, in seinem Verhalten, auch und gerade in seiner Auslegung des Gesetzes, realisiere sich die Herrschaft Gottes, wenn er dementsprechend darauf aus war, durch seine Zuwendung zu den rituell Unreinen und religiös Deklassierten darauf hinzuwirken, daß alle scheinbar dem Gotteswillen entsprechenden Verhaltensregeln zur Disposition zu stellen seien, spricht daraus die von ihm beanspruchte Durchsetzungsfähigkeit seines Wirkens, nicht aber eine sich möglicherweise anbahnende Gewißheit seines Scheiterns.

Blicken wir von hier noch einmal auf die Grundlinien der Botschaft Jesu von der Gottesherrschaft zurück: Dieses Zentrum des Evangeliums Jesu ist zuallererst eine Zusage an den Menschen über alle Schranken von Volkszugehörigkeit und religiöser Qualität hinweg. Die Priorität der *Heilsbotschaft* ist nicht genug zu unterstreichen. Umgekehrt fordert diese Botschaft den Menschen aber auch ganz ein: Die Initiative Jesu stellt vor die Entscheidung, die Botschaft Jesu von Gott zu glauben und damit dann auch auf sein Verhalten einzuschwenken. Wenn Jesus in seiner Praxis Gottes grenzenüberschreitende Nähe abbildet, muß diese sich bei denen, denen dieser Gott in seinem Tun nahe ist, auch auswirken. Das ist grundsätzlich nicht möglich auf der Ebene des Gesetzes. Dieses wird nicht außer Kraft gesetzt, aber es ist eben nicht in der Lage, Gottes Grenzüberschreitung zu einer adäquaten Antwort des Menschen werden zu lassen. Deshalb geht Jesus in seiner Praxis nicht am überlieferten Gesetz vorbei, aber er ordnet es seiner Autorität unter.

7. Die Wunder Jesu - Zeichen der anbrechenden Gottesherrschaft

Eine den Evangelienüberlieferungen angemessene Darstellung der Jesusgeschichte kann auf die Frage nach den Wundern Jesu nicht verzichten. Sie sind für die einen historisch nicht hinterfragbar und der "Beweis" für seine übermenschliche Qualität, für die anderen sind sie eher Relikte einer mythologischen Welt und ein Hindernis für einen kritisch-konstruktiven Zugang zum Mann aus Nazaret. In der Skepsis dürften sich heutzutage die meisten wiederfinden. Symptomatisch ist sicher, daß so manche Beiträge, die sich um die Vermittlung der ntl. Wundergeschichten an ihre bibelinteressierte Leserschaft bemühen, erst einmal diese Skepsis bestätigend aufzufangen versuchen, indem sie die geistige Gegenwartssituation dahingehend beschreiben, der heutige Mensch sei nicht mehr in der Lage und auch nicht mehr bereit, an die erzählten Geschehnisse der Wunder zu glauben, sie bereiteten dem vernunftorientierten Existenzverständnis Probleme und das sei auch verständlich. Auch psychologische Auslegungsversuche vermögen nicht die skeptische Frage nach den historischen Grundlagen der Wundererzählungen zu überwinden.

Tatsächlich überliefern die Evangelien so viele Wunder Jesu, daß es kaum möglich ist, auf diese zu verzichten, ohne an der Bedeutung Jesu substantielle Abstriche zu machen. Wenn wir einmal von den Doppel- oder Mehrfachüberlieferungen absehen, zählen wir ca. vier Dämonenaustreibungen, 15 Heilungen, drei Totenerweckungen, fünf Naturwunder und zwei Speisungswunder. Bei einer solchen Fülle von Wundergeschichten, die dazu allesamt nicht die Absicht haben, den Wundertäter zu glorifizieren, fällt es schwer, das Erzählmaterial einfach der frommen Fabel zuzuweisen. Auf der anderen Seite ergibt sich sicher aber auch die rätselhafte Frage, warum ein solcher Wundertäter dann nicht auf mehr Akzeptanz in seinem Volk und seiner unmittelbaren Umgebung gestoßen ist. Das Mk-Evangelium berichtet z. B. von Jesu Wundern schwerpunktmäßig in den ersten acht Kapiteln, ohne daß wenigstens der Jüngerkreis durch die Wundertaten Jesu zum Glauben gefunden hätte, im Gegenteil: eine nur vordergründige Sicht des Wundertäters Jesus läßt Simon Petrus zu einem ganz einseitigen und von Jesus abgelehnten Messiasverständnis kommen (Mk 8,27-33).

Gleichwohl wird das Faktum des Wunders zu einem festen Bestandteil der ntl. Überlieferung, denn auch in der Urgemeinde, d. h. also in der nach Ostern sich bildenden und sich entwickelnden Sammlungsbewegung, werden manche Geschehnisse als "Wunder" gedeutet. So führt Paulus seine erfolgreiche Heidenmission auf das Wirken Christi in Zeichen und Wundern zurück (Röm 15,18f) oder in seinem "Tränenbrief" an die Korinther (2 Kor 10-13), in dem der Apostel nach einer schweren Beziehungskrise mit den dortigen Christen einen neuen Zugang zu seiner Gemeinde sucht, macht er den Apostolat an "Zeichen, Wundern und machtvollen Taten" fest, die der korinthischen Gemeinde auch zuteil geworden seien (2 Kor 12,12). 1 Kor 12,9 traut er den Charismen der Gemeinde auch das Heilen zu, was er dann 1 Kor 12,28f ausdrücklich als eine der Gemeinde von Gott gegebene Gabe bezeichnet.

Nun ist natürlich die Frage, was die biblischen Menschen als Wunder bezeichneten und verstanden. Der biblische Mensch weiß

Gott als den Schöpfer von Himmel und Erde, der zwar nicht im Kosmos aufgeht, der aber doch ständig den Kosmos durchwaltet und auf die Welt des Menschen einwirkt und so unmittelbar gegenwärtig ist. Deshalb ist ein Geschehen, das die Bibel selbst mit "Wunder" bezeichnet, nicht zwangsläufig so außerordentlich, daß es außerhalb der Vorstellbarkeit des Menschen läge. Anders ist es z. B. nicht zu verstehen, daß in Ps 107, einem Danklied, im Zusammenhang der Ereignisse um die Vertreibung der Israeliten, ihrem "Umherirren" in der Wüste (V. 4), der gnädigen Zuwendung Jahwes zum sündigen Volk (V. 17), der Errettung aus den Gefahren des Meeres (V. 29f) und seiner Rückführung in die heilige Stadt Jerusalem (V. 7) immer wieder von Gottes wunderbarem Tun an den Menschen gesprochen wird:

> Sie sollen dem Herrn danken für seine Huld, für sein wunderbares Tun an den Menschen (V. 8.15.21.31).

Damit werden Vorgänge bezeichnet, für die das Wort "Wunder" nach unserem Verständnis vielleicht etwas hochgegriffen ist. Denn daß Menschen z. B. der Seenot entkommen, ist ja für uns auch auf "natürliche" Weise durchaus vorstellbar; ebenso werden wir die Umkehr von Menschen zum Glauben nicht unbedingt als "Wunder" bezeichnen; genau das tut aber Ps 107. M. a. W.: Das Leben auf seinen verschiedensten Erfahrungsebenen - politisch wie existentiell - ist für den Menschen der Bibel vom wunderbaren Handeln Gottes durchwaltet. Die biblischen Erzähler erinnern an dieses Walten Gottes, um ihre Adressaten im Glauben an seine Gegenwart auch in Zeiten der Krise zu bestärken. Die "Wunder" werden im AT nicht erzählt, um zu sagen, daß Gott bei diesem oder jenem Ereignis gehandelt *hat*, sondern daß er *jetzt* und *in Zukunft* zum Heil der Menschen *gegenwärtig* ist und er dies der menschlichen Erfahrung zugänglich macht. Wundererzählungen haben also eine *Botschaft*. Das wird auch an dem Begriff Semeion (= Zeichen) deutlich, den das AT in seiner griechischen Übersetzung und vor allem das Johannesevangelium oft verwenden. Das Wort meint ein Zeichen Gottes, mit dem er seine Treue und Nähe zu Israel in Gegenwart *und Zukunft* kundtun will.

Die Bedeutung des in der Gegenwart erfahrbaren, aber auf die Zukunft ausgerichteten Handelns Gottes wird vom jesuanischen Wunderverständnis gedeckt und rückt das Wunder Jesu in die Nähe seiner Verkündigung von der Herrschaft Gottes. Damit sind wir wieder beim Zentrum seiner Botschaft, die eine Entscheidung des Zeugen seines Handelns erfordert.

Die Evangelien sprechen öfter von den "Machttaten" Jesu. Gerade mit den "Machttaten" will er die heilende Gegenwart Gottes darstellen, mit seinen "Machttaten" will er aber vor allem auch zur Umkehr rufen und auf das drohende Gericht vorausweisen, das der Ablehnung seines Handelns, d. h. aber seiner Botschaft, folgen wird:

> Und du, Kafarnaum, meinst du etwa, du wirst zum Himmel erhoben? Nein, in die Unterwelt wirst du hinabgeworfen. Wenn in Sodom die Wunder [= Machttaten] geschehen wären, die bei dir geschehen sind, dann stünde es noch heute. Ja, das sage ich euch: Dem Gebiet von Sodom wird es am Tag des Gerichts nicht so schlimm ergehen wie dir (Mt 11,23f).

Die Machttaten Jesu sind also auf einer Ebene mit dem Verkündigungsanspruch Jesu zu sehen: Sie sind von Jesus verstanden als erfahrbare Realisierung der Solidarität Gottes mit Welt und Mensch und der beginnenden Aufrichtung seiner Herrschaft; aber dies erfordert auch eine positive Entscheidung des Menschen, die der Initiative Gottes entsprechen muß. Jesus eröffnet die Möglichkeit, das Wirken Gottes in der Welt zu erfahren, aber diese Möglichkeit muß auch *genutzt* werden. Damit entspricht die Intention der Wunder übrigens genau der der Gleichnisse. Daß die Wunder aber keinen Automatismus bewirken können und wollen, wird daraus ersichtlich, daß sie in ihrer Bedeutung auch auf Ablehnung stoßen können. Mk berichtet uns davon, daß einflußreiche Kreise der religiösen Führung Israels zwar sehen, daß Jesus Dämonen austreibt, dies aber auf seine eigene angebliche Besessenheit zurückführen (Mk 3,22). Man sieht also durchaus, was Jesus bewirkt, erkennt aber im Hintergrund dämonische Zwangsmächte und kommt keinesfalls zum Glauben.

Das führt zu einem zentralen Aspekt, der schon hinter dem anhand des in Ps 107 erläuterten atl. Wunderverständnis steht: Die Wunder Jesu sind nur recht einzuordnen unter der *Voraussetzung* des Glaubens, und zwar des Glaubens an *Gott*, der mittels des Handelns Jesu sein Wirken manifestiert. Es geht nicht um Selbstdarstellung Jesu analog den vielen hellenistischen Wundertätern, die um ihre eigene Person Geheimnisse machen, ihre Heilungsstrategien bewußt für sich behalten und vor allem ihre sagenumwobenen Heilkräfte zur Schau stellen. Die Wundererzählungen der Evangelien sind nicht auf die Besonderheit der Person Jesu fixiert, sondern sind Erzählungen vom Wirken *Gottes.* Sie erfordern deshalb auch in erster Linie den

Glauben an das Wirken *Gottes*. Jesu Wundertaten sind also, ebenso wie die atl. Wunder, auf *Deutung* hin angelegt. Eine konkrete geschichtliche Erfahrung will in einen Sinnzusammenhang gebracht, will auf das Walten Gottes zurückgeführt und als Zeichen seiner Zuwendung *gedeutet* werden. Der Neutestamentler Alfons Weiser formuliert das sehr treffend: *"Wunder sind auffallende Ereignisse, die von glaubenden Menschen als Zeichen des Heilshandelns Gottes verstanden werden"* (Was die Bibel Wunder nennt, Stuttgart 1975, S. 20).

Das heißt natürlich nicht, daß die Person Jesu dabei ausgeblendet oder auch nur relativiert wird. Jesus ist es ja, der Wunder wirkt. Aber seine Wunderhandlungen sind immer auf seine Zentralbotschaft bezogen. Sie sagen jene Botschaft aus, die Jesus sonst durchaus auch mit anderen Mitteln vertreten kann. "Wenn ich mit dem Finger Gottes die Dämonen austreibe, dann ist die Herrschaft Gottes schon zu euch gekommen" (Lk 11,20), so ein sicher authentisches Jesuswort. "Selig, ihr Armen, denn euer ist das Reich Gottes" (Lk 6,20), so die erste Seligpreisung. Jeweils unterstreicht Jesus die Gültigkeit seiner Botschaft und seines Anspruches, daß sich Gott mit seiner Person den Menschen so zugewendet habe, daß sie eine Ahnung von dem bekommen können, was "Gott" bedeutet: Befreiung von allen Entfremdungen und Rückgabe der schöpfungsgemäßen menschlichen Freiheit bzw. Zusage der Überwindung aller schichtungsspezifischen Ausbeutung und Diskriminierung. Die Heilung eines Aussätzigen bedeutet genauso eine Rückführung in die religiöse Gesellschaft des Gottesvolkes wie die vergebende Zuwendung zur stadtbekannten Sünderin. M. a. W.: Die Botschaft des Heils und die Schaffung einer neuen Lebensrealität durch jenen Gott, der im Handeln Jesu neue Maßstäbe setzt, sind die Eckpfeiler des Wunders. Nicht die Naturgesetze im vordergründigen Verständnis werden durchbrochen, sondern den oft menschenverachtenden Gesetzen, die der Mensch selbst entwickelt hat und die über alle "systembedingten" Opfer hinweggehen, wird im Handeln Jesu der erbitterte Kampf angesagt. Die Klassifizierung der Menschen in Fromme und Gesetzlose, Reine und Unreine, Israeliten und Heiden und die darin zum Ausdruck kommende Einteilung wird von Jesus genauso wenig hingenommen wie das Leiden seiner Zeitgenossen unter den dämonischen Zwangsmächten.

Unter diesem Aspekt können dann allerdings auch Wundererzählungen auf Jesus *übertragen* werden, die ursprünglich einem anderen Kontext entstammen. Dafür ist dann die urchristliche Gemeinde verantwortlich. Auf der Basis des Glaubens, daß Gott Jesus von den Toten auferweckt hat, kann sie in Jesus den sehen, der auch dem Tod nicht ausweicht, der ja selbst zum Herrn über Tod und Leben eingesetzt ist (Röm 14,9). Wenn das AT dann von Totenerweckungen durch Elija und Elischa spricht (1 Kön 17,8-24; 2 Kön 4,8-37; 13,20f), und die Geschichte von der Erweckung des Jünglings von Naim diese Totenerweckung auf Jesus überträgt (Lk 7,11-17), wenn vor allem in der Apg Krankenheilungen und Totenerweckungen durch Petrus und Paulus erzählt werden, dann sind auch diese von der österlichen Bedeutung Jesu her zu verstehen und nicht so sehr als historische Berichte. In diesem Zusammenhang wäre z. B. auch die Erzählung von Jesu Gang über den See zu erwähnen, die letztlich ein Bekenntnis zu Jesu Herrsein über Leben und Tod sein will. Das kann z. B. von Paulus ganz anders angesagt werden:

> Denn Christus ist gestorben und lebendig geworden, um Herr zu sein über Tote und Lebende (Röm 14,9).

Bei alledem muß man sich auch klarmachen, daß die Evangelisten in den Wundergeschichten keine Tatsachenberichte sehen, die sie für unantastbar gehalten hätten, sondern Bedeutungsgeschichten über Jesus, die sie recht frei und selbständig ihrem je eigenen Gemeindebedürfnis anpaßten. Das ist ja schon daraus ersichtlich, daß Mt und Lk Wundergeschichten, die sie von Mk übernahmen, bearbeitet und ggf. verändert haben.

VI. Jesu Weg ans Kreuz

Jesu Verkündigung und sein Wirken finden in seinem gewaltsamen Tod ihr jähes Ende. Zu den auch historisch am besten belegten, weil in außerchristlichen Quellen bezeugten Daten gehört der Kreuzestod Jesu. Jesus wurde in zeitlicher Nähe zu einem Paschafest, dem Erinnerungsfest des jüdischen Volkes an die Befreiung aus Ägypten, möglicherweise dem des Jahres 30, von Vertretern der jüdischen Tempelhierarchie an die Römer übergeben und vom Statthalter Pontius Pilatus zum Tode durch Kreuzesstrafe verurteilt und hingerichtet. Wahrscheinlich wurde er dann von Vertretern seines weiteren Jüngerkreises bestattet. Die Evangelien wissen davon zu berichten, daß der wohlhabende Josef von Arimathäa ihn in ein in einen Felsen gehauenes Grab legte (Mk 15,42-47; vgl. Joh 19,38-42, wonach noch Nikodemus an der Grablegung beteiligt ist).

Über die genauen Hintergründe und den historischen Hergang des Prozesses gegen Jesus sind wir nur sehr lückenhaft informiert. Die Evangelisten sind mit ihren Passionsgeschichten keine Prozeßberichterstatter, sondern glaubende Jesusanhänger der zweiten oder dritten christlichen Generation, die wohl alte Überlieferungen zur Verfügung hatten, aber diese im Rückblick reflektierten und in den Zusammenhang der Heilsgeschichte Israels hineinstellten. Sie deuten also schon den Tod Jesu, wie das auf seine Weise auch der Apostel Paulus in seinen Briefen tut. Man kann wohl auch gar nicht anders vom Tod Jesu sprechen als in gläubiger Betroffenheit oder ungläubiger Abweisung. Der letzte Weg dessen, der in seiner Verkündigung so sehr die Positionsbestimmung zu seiner Botschaft provozierte, kann nicht als statistische Information beschrieben werden, sondern gerade jetzt fordert er heraus. Wenn im Anfangskapitel dieses Buches einsichtig gemacht wurde, daß die evangelischen Jesusdarstellungen keine Biographien im historisch-objektivierenden Sinn sein wollen, sondern Glaubensverkündigung in der Form geschichtlicher Darstellung, dann gilt das erst recht für die Passion Jesu.

1. Der Gang Jesu nach Jerusalem

Wenn wir der Darstellung der Synoptiker folgen, ist Jesus während seiner öffentlichen Wirksamkeit nur einmal nach Jerusalem gegangen, nämlich bei jenem Paschafest, an dem sein physisches Ende besiegelt werden sollte. Folgen wir dem Joh-Evangelium, wäre Jesus mehrfach in Jerusalem gewesen. Mit hoher Wahrscheinlichkeit ist den Synoptikern hier aber der Vorzug zu geben, wenn auch in Einzelheiten (z. B. Ortsangaben) das vierte Evangelium oft überraschend genau ist.

Das führt zu der Frage, was Jesus dazu veranlaßte, in die heilige Stadt zu ziehen. Man kann zunächst annehmen, daß Jesus wie andere Pascha-Pilger nach Jerusalem kam und dabei von seinem Jüngerkreis begleitet wurde. Aber dies ist eine doch zu einfache und unreflektierte Vorstellung. Das ist schon deshalb nicht hinreichend, weil Jesus der Überzeugung war, daß Gott in Bälde seine Herrschaft offenbaren werde und er (Jesus) das Volk dafür zurüsten müsse. Deshalb wird man davon ausgehen können, daß der Prophet aus Nazaret nach seinem Wirken in Galiläa nun in Jerusalem, der heiligen Stadt für jeden Israeliten, von der drängenden Wichtigkeit seiner Botschaft überzeugen wollte. Gerade die atl. Jahwe-König-Psalmen hatten ja auf breiter Ebene den Erweis des Königtums Gottes mit Jerusalem und dem Zion verbunden. Deshalb liegt es nahe, daß Jesus in der Stadt der Heilserwartung die Offenbarung der Gottesherrschaft proklamierte und damit natürlich seinen Anspruch mit der frommen Tradition konfrontierte. Sein distanziertes Verhältnis zum Tempel macht es dagegen unwahrscheinlich, daß er sich einfach nur in die Schar der Pascha-Pilger einreihte. Er wollte das gläubige Israel, das sich in diesen Tagen in der Stadt Judäas versammelte, für die von ihm erwartete Volloffenbarung der Herrschaft Gottes vorbereiten und als Voraussetzung dessen zur Bejahung seines Anspruches und seiner Botschaft drängen.

Welchen Weg Jesus - geographisch gesehen - nach Jerusalem nahm, läßt sich nicht sicher sagen. Wenn man die Ortsangabe Mk 10,46 historisch auswertet, ist Jesus mit dem Jüngerkreis von Galiläa über Judäa nach Jericho gegangen und von hier aus über den Ölberg nach Jerusalem gekommen. Der in den Evangelien geschilderte Einzug nach Jerusalem ist allerdings deutlich im Rückblick auf das AT messianisch gedeutet. Ps 118,26 heißt es:

> Gesegnet ist er, der kommt im Namen des Herrn.

bzw. Sach 9,9:

> Juble laut, Tochter Zion! Jauchze, Tochter Jerusalem! Siehe, dein König kommt zu dir. Er ist gerecht und hilft; er ist demütig und reitet auf einem Esel, auf einem Fohlen, dem Jungen einer Eselin.

Mögen die Einzelheiten im historischen Vorgang auch verdunkelt sein, so ist doch der in den Passionsberichten geschilderte Vorgang, daß Jesus enthusiastisch auf der letzten Strecke in die Stadt begrüßt und dabei die Erfüllung seiner Proklamation der Gottesherrschaft erwartet wurde, historisch durchaus vorstellbar. Es ist zwar ebenso vorstellbar, daß das die jüdische Tempelhierarchie, sicher aber auch die römische Besatzung mit Argwohn sahen, ein Anlaß zum unmittelbaren Eingreifen jedoch war das hier sicher noch nicht. Die Frage ist auch, ob Jesu Einzug in dem Festtagsbetrieb, der schon einige Tage vor dem eigentlichen Fest beträchtliche Ausmaße annahm, als eine so bedrohliche Menschenansammlung empfunden wurde, daß ein sofortiges Eingreifen geboten schien.

Wo sich Jesus in Jerusalem während des Festes aufzuhalten beabsichtigte, ist nicht mit Sicherheit auszumachen. Nach Mk 11,11 wäre an Betanien (östlich des Ölbergs) zu denken (vgl. auch Mk 14,3). Aber das ist sachlich nicht von vordringlicher Bedeutung.

2. Todeserwartung Jesu?

An dieser Stelle ist die Frage aufzuwerfen, ob Jesus schon zum Zeitpunkt seiner Ankunft in Jerusalem mit seinem gewaltsamen Ende hat rechnen müssen. Die Antworten gehen in der Exegese weit auseinander. Man wird das Problem nicht dahingehend vereinfachen dürfen, Jesus habe sein Leiden (und seine Auferstehung) schon in den Leidensankündigungen vorausgesagt (vgl. Mk 8,31; 9,31; 10,33f.), denn das sind sehr wahrscheinlich Reflexionen, die im Lichte von Ostern den Weg Jesu als den unausweichlichen Leidensweg ans Kreuz deuten, seine Botschaft mit ihrem Anspruch und sein schmachvolles Ende einander "logisch" zuordnen wollen. Aber das trifft kaum die Erwartung Jesu im historischen Sinne. Die Sachlage erlaubt eher entgegengesetzte Schlüsse.

Zur historischen Beurteilung ist eine grundlegende Unterscheidung notwendig: Was Jesus *gedacht,* wie er sich selbst *verstanden* hat, wissen wir letztlich nicht. Aus den Texten und ihrem zeitgenössischen Kolorit läßt sich nur etwas darüber aussagen, welche Schlüsse aus seiner *Verkündigung* zu ziehen sind, ggf. aus seiner Verkündigung über sich selbst. Diese läßt dann doch eine sehr deutliche Linie erkennen: Sowohl die Wortverkündigung wie auch die Zeichenhandlungen Jesu sind in der Gottesreichpredigt verankert und zentriert. Hier liegen die Wurzeln für den von Jesus verkündeten Primat der Gnade vor dem Gericht, hier liegt der Grund für die Möglichkeit eines Lebens mit anderen Maßstäben als mit denen der Welt, hier liegt die Begründung für ein von außen gesehen "unvernünftiges" Handeln, wie es in den Gleichnissen so eindringlich und provozierend für unverzichtbar erklärt wird. Vor allem steht jeweils im Hintergrund der Anspruch Jesu auf den Beginn einer Wirklichkeit, die - gegenwärtig unscheinbar - in der Zukunft universale Dimensionen erreichen wird. Der dieser Proklamation entgegengehaltenen Skepsis tritt Jesus mit der Vision der Durchsetzbarkeit der "utopischen Realität" seiner Verkündigung entgegen, gegründet auf seinen im Wort vom Satanssturz formulierten Anspruch. Gewiß hat Jesus sehen müssen, daß seine galiläische Predigt das von ihm angesprochene Volk nicht insgesamt überzeugte, aber von einem völligen Scheitern kann schon deshalb keine Rede sein, weil für ihn "Israel" keine national begrenzte Größe, sondern durchaus auch für die Heidenwelt offen war, deshalb aber eine vordergründige Erfolglosigkeit in Israel keineswegs gleichbedeutend mit einem völligen Scheitern sein mußte. Daß Jesus auch angesichts der scheinbaren Übermacht des erfahrenen Mißerfolgs an der Durchsetzungsfähigkeit seiner Botschaft festhält, belegen u. a. die besprochenen Gleichnisse. Auf der gleichen Ebene liegt die Absicht Jesu, mit seinem Wirken auch in Jerusalem eine Entscheidung des Gottesvolkes unter Einschluß der religiösen Führung zu seiner Botschaft und damit seiner Gottesverkündigung herbeizuführen. Von der Stellung zu seinem Gottesbild bzw. seiner Predigt macht er die Heilsmöglichkeit seiner Adressaten abhängig.

Die erste Reaktion auf sein Eintreffen in Jerusalem entspricht gewiß auch seiner Erwartung der Volloffenbarung des Königtums Gottes. Das wird man auch dann sagen können, wenn man nicht von einer Massenbewegung als Anhängerschaft ausgeht. Indirekt wird die Hoffnung auf die Überzeugungsfähigkeit seiner Person gerade durch die Kreise bestätigt, die seine Sendung politisch mißverstanden und vielleicht später zu den Helfershelfern der Mächtigen wurden (vgl. die Person des Judas). Offenbar schätzte Jesus seine Sendung perspektivisch positiv ein und begründete entsprechende Hoffnungen auch bei einem beträchtlichen Teil des Jerusalemer Volkes.

Natürlich ist vorauszusetzen, daß Jesus kein Phantast war und die ihm entgegengebrachten Widerstände durchaus sah. Die Frage ist nur, ob diese in ihm die Einschätzung fördern mußten, seine Sendung werde hinter seiner Erwartung zurückbleiben und er selbst werde dabei auch physisch gefährdet sein. Die galiläischen Konflikte zeigen immerhin einen Jesus, der gerade *in* den Konflikten und Auseinandersetzungen mit den religiösen Gegnern keinen anderen Weg sucht als den der u. U. kämpferischen Überzeugung von seinem Auftrag. Anders ist z. B. die Gerichtsaussage über das unbußfertige Israel nicht zu verstehen (vgl. Mt 11,20-24).

3. Der tödliche Konflikt

Dennoch geht Jesus faktisch den Weg des tödlichen Konflikts. Wenn wir nach der Entwicklung fragen, die letztlich zu seinem gewaltsamen Tod geführt hat, müssen wir verschiedene Ebenen unterscheiden, die unabhängig davon zu sehen sind, wie Jesus selbst die Gesamtlage eingeschätzt hat. Es geht darum zu klären, von welcher Seite Jesus als so gefährlich eingeschätzt wurde, daß man als einzigen Weg, mit dieser vermeintlichen Bedrohung fertig zu werden, die Liquidierung seiner Person ins Auge fassen zu müssen glaubte. Die Frage ist auch unabhängig davon zu sehen, wer die juristische Kompetenz hatte, Jesus hinrichten zu lassen. Das waren zweifellos einzig die *Römer*.

Zunächst zeigt die *Kreuzesstrafe*, wie Jesus von *römischer* Seite eingeschätzt wurde. Die Bestrafung mit der Hinrichtung wurde von den Römern bei schwersten Kapitalverbrechen wie z. B. Anstiftung zum Aufruhr, Fahnenflucht oder Weissagung bzgl. der Herrschenden vor allem gegen Beschuldigte der Unterschichten, die nicht Römer waren, verfügt. Sie wurde angesichts der Folter, die zu ihrem Vollzug gehörte, als so abscheulich empfunden, daß die römischen Geschichtsschreiber darüber nur zurückhaltend berichten. Für die Wahrnehmung Jesu durch die Römer ist die nur bei Lk erwähnte Hinrichtung der beiden Aufständischen bezeichnend, ebenso die Rolle des Barabbas, der wohl auch zu aufrührerischen Kreisen gerechnet werden muß. Das alles weist darauf hin, daß Jesus von den politisch verantwortlichen Römern ähnlich verdächtigt wurde.

Das bedeutet nicht, daß er sich tatsächlich in diesem Sinne verhalten oder politisch-revolutionäre Ideen verfolgt hat. Genau das ist sogar eher unwahrscheinlich, denn Jesus war in seiner galiläischen Wirksamkeit bekanntlich nicht in die Städte gegangen, in denen die römische Macht präsent war, um zur Rebellion gegen sie aufzurufen, sondern zu den Menschen vornehmlich jüdischer Herkunft im Umland der Städte, die um ihres Überlebens willen ihre Beziehungen mit den besitzenden Kreisen der Städte unterhielten, von ihnen also abhängig waren und gegen ihre Abhängigkeit auch gar nicht rebellierten oder rebellieren konnten, in dieser Verbindung aber vom eigenen (jüdischen) Volk beargwöhnt wurden. Aber auch der Kontakt mit der heidnischen Bevölkerung, der in und außerhalb Galiläas für möglich gehalten werden muß, verfolgte keine politischen oder gar revolutionären Ziele, zumindest nicht der Intention Jesu nach. Aber die Zuwendung zu den abhängigen Schichten konnte von der politischen Führung der Provinz wie auch von der wirtschaftlichen Oberschicht sehr wohl politisch mißdeutet werden (wie auch der Wüstenprediger Johannes mißdeutet wurde).

Darüber hinaus hat Jesus aber in jener galiläischen Wirksamkeit sicher hinreichend Veranlassung geboten, sich *verdächtig* zu machen, so daß sogar die Pharisäer Grund sahen, ihn vor Herodes Antipas zu warnen, eine historisch zumindest mögliche Notiz bei Lk 13,31:

> Geh weg, verlaß dieses Gebiet, denn Herodes will dich töten.

Verdächtig konnte Jesus schon deshalb sein, weil seine Bewegung in der religiös aufgewühlten Zeit der ersten Hälfte des 1. Jh. in Palästina zumindest aufgefallen sein muß. Die abschätzigen Worte über die "Herrscher dieser Welt", denen Jesus seine Alternativbewegung entgegensetzt (vgl. Mk 10,42-44), seine Solidarität mit den bedrängten sozialen Unterschichten (Lk 6,20-22), sein Wort vom Schwert (Mt 10,34ff), sein Wort von der Feindesliebe (Lk 6,27f par), vor allem aber grundsätzlich seine Predigt von der Herrschaft *Gottes,* all das vermittelt den Herrschenden ein Bild von Jesus, das den zeitgenössischen Anführern politischer Befreiungsbewegungen durchaus nahekam. Insofern spiegelt sich in der von den Evangelien erwähnten Kreuzesaufschrift, Jesus sei als "König der Juden" hingerichtet worden, seine Wahrnehmung durch die Römer zutreffend wider.

Eine andere Sache ist der Eindruck, den die *jüdische* Seite von Jesus hatte. Deshalb ist nun auch nach der Einordnung Jesu durch die Leitung des Judentums in Jerusalem zu fragen, d. h. nach der

Wirkung, die Jesus aufgrund seines öffentlichen Auftretens auf die religiöse jüdische Hierarchie faktisch ausübte. Auch hier ist zu unterscheiden zwischen den Intentionen Jesu und der Wirkung, die er tatsächlich bei der jüdischen Führungselite erzielte.

Im Judentum wurde, so weit es Hinrichtungskompetenz hatte, die Kreuzesstrafe nicht angewendet, hatten doch pharisäische Juden unter dem Hasmonäerfürsten Alexander Jannäus (103-76 v. Chr.) selbst unter der Strafe zu leiden gehabt, wie Josephus berichtet (Jüd. Krieg 1,97). Da das Kreuz im Judentum auch keine Rolle in der Märtyrertheologie spielte und nach Dtn 21,23 als schändliche Strafe verstanden wurde, ist für einen frommen Juden der gekreuzigte Jesus auch als Jude disqualifiziert und religiös schuldig. So zumindest nach dem Urteil der herrschenden Jerusalemer Kreise, vor allem der sadduzäischen Tempelpriesterschaft.

Ein solches qualifizierendes Urteil über Jesus hat seine Vorgeschichte, und auch der tödliche Konflikt in Jerusalem selbst hat im Rückblick seine galiläische Vorgeschichte. Der Anspruch Jesu, für die Aufrichtung der Gottesherrschaft zu stehen, der Anspruch also, mit ihm beginne die Realisierung der im Judentum einzig von Jahwe für die Zukunft erwarteten Durchsetzung seiner königlichen Herrschaft, hatte auf die etablierten herrschenden Kreise eine ähnlich bedrohliche Wirkung für das Verständnis eigener Identität wie auf ganz anderer Ebene für die römische oder romabhängige Führungsschicht. Auch hier waren Jesus keine todeswürdigen Vergehen als solche vorzuwerfen, aber er machte sich verdächtig.

Die von Jesus proklamierte göttliche Zusage an diejenigen, die den Maßstäben der religiösen Hierarchie nicht genügten, die Zusage, sie seien von Gott *nicht* verworfen und müßten ihm gegenüber *nicht* die Vorleistung eines religiös sozialisierten Lebens erbringen, um sich zum erwählten Israel zählen zu können, mußte als ein Angriff auf die zweifellos aus frommer Gesinnung resultierende herrschende Doktrin aufgefaßt werden. Der Mann aus Nazaret, der für sich in Anspruch nahm, den Gotteswillen authentisch auszulegen und auf ihn zu verpflichten, der sich in diesem Zusammenhang u. U. auch über das geltende Gesetz stellte, ja diesem die Kompetenz bestritt, für die Rechtfertigung vor Gott die entscheidende Funktion zu haben, mußte sich zumindest verdächtig machen. Ihm, der die religiöse Gesellschaft oder diejenigen, die sich dafür hielten, in ihren Vorstellungen von Gott provozierte und ihnen die - zumindest von Jesus aus gesehene - Illusion ausredete, das religiöse Leben durch Rituale und Kult sichern zu können, *mußte* man mißtrauen, nicht zuletzt deshalb, weil auch das Verhältnis des religiösen Israel zur römischen Großmacht auf einem System der Ordnung und Berechenbarkeit beruhte, auf das sich Rom verlassen können sollte. Das heißt nicht, daß Jesus Gesetz oder Kult das Existenzrecht bestritt, sondern in erster Linie, daß er deren traditionellem Verständnis als exklusivem Heilsweg die Grenzen aufzeigte und ihnen seinen charismatischen Anspruch überordnete. Wenn Jesus dem System seine selbstbeanspruchte Kompetenz absprach, mußte es sich im Bestand bedroht fühlen. Die Erinnerung an diesen Jesus ist bekanntlich für jede Zeit eine "gefährliche Erinnerung".

Um es noch einmal zu betonen: Die Gesetzespraxis Jesu an sich ist auch jüdisch gesehen nicht eigentlich todeswürdig, zumal ein liberaler Umgang mit Gesetzesbestimmungen von anderen jüdischen Gruppierungen durchaus in vergleichbarer Weise praktiziert wurde, der Dissens besteht vielmehr in der grundsätzlichen Relativierung der Kompetenz des Gesetzes durch Jesus und seinem Anspruch auf authentische Auslegung des Gotteswillens. Und dieser Dissens ist es, der dazu beitrug, daß sich Jesus verdächtig machte, eben weil er an einem Kernstück jüdischer Identität rührte. Auch wenn Jesus selbst das Gesetz nicht aufheben wollte, erweckte er bei seinen Gegnern den Eindruck, daß er dieses Ziel verfolge.

Für eine mögliche Todeserwartung Jesu folgt daraus: Wenn nun "Anspruch" gegen "Anspruch" - Anspruch der authentischen Verkündigung des Gotteswillens durch den sich von Gott bevollmächtigt wissenden Jesus gegen den Anspruch des religiös-politischen Systems auf authentische Setzung des Gotteswillens durch Gesetz und Kult - stand, ist die Einbindung einer konzeptionellen Vorstellung Jesu, dieser Konflikt müsse zum gewaltsamen Tod führen und dieser Tod werde dann die entscheidende heilswirksame Bedeutung haben, mehr als unwahrscheinlich. Denn auch Jesus mußte davon ausgehen, daß seine Gesetzeshaltung nicht todeswürdig sei.

In der Erwartung, er könne die in Jerusalem anwesende jüdische Gesellschaft von seinem Gottesbild überzeugen, hat Jesus denn wohl auch seine *provozierende Tempelaktion* durchgeführt, die uns von allen Evangelien mit je unterschiedlichen Akzentuierungen berichtet wird (Mk 11,15-19; Mt 21,12-14; Lk 19,45-48; Joh 2,13-16). Den historischen Kern bildet die Konfrontation Jesu mit Geldwechslern und Händlern und einer prophetischen Zeichenhandlung gegen einen Tempelbetrieb, in dem Geschäft und Frömmigkeit verwechselt wurden (so mancher Wallfahrtsort oder sog. "Heilige Stätte" von heute könnte damit gut konkurrieren). Wenn der Tempel zur Markthalle geworden ist, hat er seine Integrität und religiöse Kraft eingebüßt, denn Idee und Praxis sind nicht einfach voneinander zu trennen.

Wenn Jesus gegen diese Form der Tempelpraxis einschreitet, greift er die herrschende Institution selber an samt ihren Trägern. Letztlich greift er damit den heilsmittlerischen Anspruch des mit dem Tempel verbundenen Systems an. Spätestens damit war Jesus bei dem sadduzäischen Tempelpersonal und den Hohenpriestern in Ungnade gefallen, äußerlich mit seiner aufreizenden oppositionellen Aktion, letztlich aber damit, daß er dem Tempel, seinem Kult und dem mit ihm verbundenen Ritual die Kompetenz, zu einer gottgewollten religiösen Praxis zu kommen, die Legitimation entzog.

Man kann sich fragen, ob das sog. Tempelwort Jesu nicht in diesen Zusammenhang hineingehört. Bei Mk 14,58 par Mt 26,61 wird Jesus von sog. Zeugen folgendes gegen den Tempel gerichtete Wort in den Mund gelegt:

> Ich werde dieses mit Händen gemachte Heiligtum abreißen und in drei Tagen ein anderes, nicht mit Händen gemachtes erbauen.

Lk bringt eine Variation des Tempelwortes in seinem Bericht über die Anklage gegen Stephanus Apg 6,14. Auffällig ist, daß das Joh-Evangelium als einzige Quelle dieses Tempelwort anders als Mt und Mk in den Zusammenhang der Zeichenhandlung im Tempelvorhof stellt und dazu noch als direktes Jesuswort wiedergibt. Damit greift Johannes wohl eine alte Tradition auf und rückt diese dann auch in den historisch zutreffenden Zusammenhang. In der Chronologie der Szene im Gesamtablauf des Evangeliums ist aber den ersten drei Evangelien der Vorzug zu geben, da die mehrfachen Jerusalem-Aufenthalte, die das Joh-Evangelium überliefert, aller Wahrscheinlichkeit nach auf die joh Komposition zurückgehen. Gleichzeitig erhalten wir hiermit einen Hinweis, daß sich das administrative Vorgehen gegen Jesus mit einiger Wahrscheinlichkeit an Tempelaktion und Tempelwort Jesu entzündete.

Freilich darf man sich nicht vorstellen, die Römer hätten unmittelbar bei der Aktion Jesu eingegriffen. Das war schon deshalb nicht zu erwarten, weil dessen Handlung eine begrenzte war, die er zudem nicht mit gewaltsamen Mitteln durchführte. Vom Tempelpersonal mußte sie indes als unerhörte Provokation verstanden werden.

Deshalb wäre es nur konsequent, wenn die sadduzäische Oberschicht am Tempel im Interesse der eigenen Stabilität und auch der politischen Autonomie gegenüber der römischen Besatzungsmacht eine Möglichkeit gesucht hätte, den in ihren Augen notorischen Aufrührer Jesus von Nazaret zu neutralisieren. Denn wenn Jesus in seinem Selbstverständnis als bevollmächtigter Träger der Gottesherrschaft den Tempel und seinen Kult in der von den herrschenden Kreisen beanspruchten Bedeutung attackierte, war eine Situation geschaffen, in der die religiöse Führung sich herausgefordert fühlen *mußte*. Auf der anderen Seite war für Jesus in Tempelwort und -aktion der Punkt gegeben, an dem es um das "Entweder-Oder" der Gottesherrschaft ging. Hatten schon apokalyptische Kreise im 2. Jh. v. Chr. die Vision vom Haus "für den großen König zur Herrlichkeit bis in Ewigkeit" entworfen (äthiopisches Henochbuch 91,13), so mußte für Jesus hier der Punkt der Realisierung der Gottesherrschaft konkret werden. Wie in seiner galiläischen Verkündigung ist auch hier prinzipiell davon auszugehen, daß Jesus von der Durchsetzungsfähigkeit seiner Person und Botschaft überzeugt war, wenn er auch die Brisanz seines Anspruchs und seines Vorgehens gerade in Jerusalem erkannt haben muß.

Für die weitere Folge der Geschehnisse sind sein im Tempel*wort* sich ausdrückender Anspruch auf Vollmacht und Authentizität der Auslegung des Gotteswillens, aber auch des schon in Galiläa verkündeten Gottesbildes gewichtiger als seine Tempel*aktion*, die im weiteren Verlauf des Prozesses, so gut er von den Quellen her rekonstruierbar ist, so gut wie keine Rolle mehr spielt.

4. Das letzte Mahl Jesu mit seinen Jüngern

Über die weitere Entwicklung der Konfrontation zwischen Jesus und den führenden Kreisen in Jerusalem sind wir nur spärlich unterrichtet. Das Mk-Evangelium läßt der Tempelaktion einige Szenen folgen, die den historischen Ablauf kaum wiedergeben, sondern in sich selbständig sind und auch an anderer Stelle im Evangelium ihren Platz haben könnten (Mk 11,20-33). Auch die Endzeitrede Mk 13 hat ihren Ort nicht in der unmittelbaren Auseinandersetzung in Jerusalem, sondern blickt auf die Zeit nach dem Karfreitag hinaus, auf die Zerstörung des Tempels und das Ende der Tage.

Chronologisch ist davon auszugehen, daß sich die Zuspitzung des Konfliktes vor dem jüdischen Pascha-Fest abspielte. Insofern ist die Notiz in Mk 14,2, die jüdische Führung habe die Aktion gegen Jesus *vor* dem Fest durchführen wollen, um jeden Aufruhr zu verhindern, vorstellbar und begründet. Bald nach der Tempelaktion muß Jesus dann mit seinen Jüngern das letzte Mahl gefeiert haben. Die ersten drei Evangelien erwecken den Eindruck, als habe Jesus mit seinen Anhängern das Paschamahl gefeiert. Doch ist das historisch aus verschiedenen Gründen unwahrscheinlich, dagegen in der nachösterlichen Situation als Ausdruck des Glaubens an die Bundestreue Jahwes zu seinem Volk eine völlig angemessene Deutung.

Dazu nur einige kurze Hinweise: Zentrale Bestandteile der Paschamahlfeier sind die Rolle des Hausvaters, der an den Exodus der Israeliten aus Ägypten erinnert, und die Deutung der ungesäuerten Brote, die die gedrängte Zeit auf der Flucht ins Bewußtsein rükken wollen. Davon ist in den ntl. Abendmahlsberichten allerdings nicht die Rede. Dagegen hat der entscheidende Bestandteil des Mahls Jesu, die Gabe seiner selbst, keine Parallele im jüdischen Paschamahl. Schließlich fand das Mahl nicht am Paschafest selbst statt, sondern kurz *vor* dem Fest.

Es handelt sich also wohl um eine Mahlhandlung mit seinen Jüngern, bei der Jesus sich der Möglichkeit seines gewaltsamen Todes mehr und mehr bewußt ist, gleichwohl an der Gültigkeit seiner Predigt und der Legitimität seines Anspruches festhält. Hatte er mit der Bildung des Jüngerkreises seiner Sendung auch nach außen hin sichtbaren Nachdruck verliehen, so unterstreicht er mit seiner Abschiedshandlung vor den Jüngern die bleibende Bedeutung seines Auftrags. Das wird zunächst daraus ersichtlich, daß er mit seinen Anhängern *Mahl* hält. Auf der Ebene seiner Botschaft sind die Mahlgemeinschaften während seiner Wirksamkeit in Galiläa mit den unterschiedlichsten Personengruppen zu verstehen. Aber auch seine Mahlgleichnisse (vgl. Lk 14,15-24) oder die auf die Zukunft verweisende Mahlmetaphorik (vgl. Mt 8,11) sind mit dem Zentrum seiner Botschaft eng verbunden. Indirekt wird bekanntlich der Zusammenhang von Mahlgemeinschaft und Gottesherrschaft in dem Vorwurf gegen Jesus erkennbar, er sei ein Fresser und Säufer, Freund der Zöllner und Sünder (Lk 7,34). Die offene Tischgemeinschaft mit den Sündern setzt im Verständnis Jesu ja voraus, daß Gott ihn dazu legitimiert habe, zeichenhaft seine Verbundenheit mit denen zum Ausdruck zu bringen, die nach den üblichen Kategorien in ihrem gegenwärtigen Status vom Heil ausgeschlossen waren, denen er aber mit seiner bedingungslosen Zuwendung im Namen Gottes eine neue Zukunft eröffnete.

Jesu Mahl mit seinen Jüngern ist daher eine letzte Bekräftigung seiner Botschaft von der schon begonnenen Gottesherrschaft.

In Anlehnung an das jüdische Festmahl war das Gemeinschaftsmahl Jesu mit seinen Jüngern eine Mahlzeit, an deren Anfang der Brotsegen und an deren Ende der Bechersegen stand. Welche Worte Jesus beim Teilen des Brotfladens und nach dem Segensgebet über den Becher gesprochen hat, läßt sich kaum mehr ausmachen. Die uns vorliegenden Abendmahlstexte in der Evangelienüberlieferung des Mt, Mk und Lk bzw. in der Herrenmahlüberlieferung des Paulus (1 Kor 11,27-34) sind schon zu sehr von der Feier des Gedenkens an den Herrn Jesus durch die früheste nachösterliche Gemeinde geprägt, als daß sie uns exakte Kenntnis vom historischen Hergang des Mahls und den während diesem gesprochenen Worten vermitteln würden. Auf jeden Fall aber will das Austeilen der Gaben von Brot und Wein die endzeitliche Heilsgabe der Gottesherrschaft für die, denen die Gaben unmittelbar gereicht werden bzw. denen das Segensgebet zugute kommt, d. h. allen, die am Wirken Jesu nicht zweifeln, zum Ausdruck bringen. Dieser sachliche Gedanke wird schon in einem anderen, oft übersehenen Satz der Abendmahlsüberlieferung ausgesprochen, der dem Darreichen von Brot und Wein folgt:

> Amen, ich sage euch: Ich werde nicht mehr von der Frucht des Weinstocks trinken bis zu dem Tag, an dem ich von neuem davon trinke im Reich Gottes (Mk 14,25).

Mt hat in diesen Ausblick auf die Gottesherrschaft ausdrücklich die Jüngergemeinschaft einbezogen, damit den bei Mk überlieferten Text charakteristisch ergänzt und auf die dauerhafte Gemeinschaft mit Jesus hin gedeutet:

> ... bis zu dem Tag, an dem ich *mit euch* von neuem davon trinke im Reich meines Vaters (Mt 26,29).

Gemeinsam ist beiden Versionen, daß Jesus mit einer gemeinschaftlichen Mahlhandlung die mit seiner Person verbundene Gültigkeit des Kommens der Gottesherrschaft unterstreicht. Der Akzent liegt in der Mk-Überlieferung stärker auf dem Anspruch Jesu auf die

Gültigkeit seiner Funktion, in der Aufnahme durch Mt stärker auf der *Beziehung zu seinen Nachfolgern*. Beide Aspekte bilden eine Einheit, wie in der galiläischen Verkündigung so auch hier in Jerusalem.

5. Wie hat Jesus seinen Tod verstanden?

Die bisherige Rekonstruktion des Jerusalemer Aufenthaltes Jesu hat weitgehend auf die Annahme verzichtet, Jesus selbst schon habe seinem Sterben eine sühnewirksame, heilstiftende Funktion zugesprochen. Diese Frage, die bereits kurz angeschnitten wurde, darf gewiß nicht ausgeklammert werden. Denn der endzeitliche Ausblick beim Mahl mit seiner Jüngerschaft setzt voraus, daß Jesus spätestens zu diesem Zeitpunkt mit seinem gewaltsamen Ende gerechnet haben muß. Damit stellte sich für ihn die Frage nach dem Gültigkeitsanspruch seiner Sendung auf eine radikale und qualitativ neue Weise:

Sicher stand Jesus auch schon in seiner galiläischen Wirksamkeit vor der kritischen Frage der Legitimität seiner Botschaft und seiner Gottesverkündigung, vor der ihn in Frage stellenden Behauptung, er sei besessen und treibe mit Beelzebub die Dämonen aus. Die mangelnde konkrete Erfahrung dessen, was er mit "Herrschaft Gottes" behauptete, nötigte ihn zur Bestärkung seiner Verkündigung u. a. mit Hilfe der Kontrastgleichnisse (vgl. Mk 4). Aber die physische Bedrohung seiner Person stellte ihn vor eine ungleich gewichtigere Herausforderung. Diese bestand darin, die von ihm vorher behauptete Durchsetzungsfähigkeit seiner Botschaft und Überzeugungsfähigkeit seiner Person mit dem auf ihn zukommenden schmachvollen Ende in eine erträgliche Beziehung zu setzen. Auch wenn wir voraussetzen, daß sich Jesus nicht schon im Frühstadium seiner Verkündigung der Notwendigkeit seines gewaltsamen Sterbens bewußt gewesen ist, besteht doch spätestens in Jerusalem der eklatante Widerspruch zwischen Anspruch und Erfahrung. Wie läßt sich für Jesus diese Spannung aushalten?

Wir wissen aus der Verkündigung Jesu, daß für sein Gottesbild der Gedanke der Unverrechenbarkeit, der Durchbrechung aller ableitbaren inneren Logik, die zentrale Rolle spielt. Gerade die Bedingungslosigkeit der Güte Gottes ist das, was diesen Gott denen, die um seinen Willen zu wissen vorgeben oder sich für dessen verbindliche Auslegung für kompetent halten, so unverständlich macht. Daß die

Arbeiter der letzten Stunde im Gleichnis von den Arbeitern im Weinberg (Mt 20,1-16) genau so gewürdigt werden wie die, die sich den ganzen Tag redlich gemüht haben, ist im eigentlichen Sinne "unlogisch" und im matthäischen Kontext nicht einmal den Jüngern verständlich zu machen. Daß die Gottesherrschaft im Wirken eines Mannes anwesend sein soll, der aus Nazaret kam, woher ohnehin nichts Gutes zu erwarten war, ist mit den Mitteln der Einsicht nicht nachzuvollziehen. Ebenso aber auch die Forderungen Jesu: Den Feind zu lieben kann nicht "vernünftig" sein; ebenso widerspricht es landläufiger Logik, den ganzen Besitz, der ein hohes Maß an Lebenssicherheit bietet, im Interesse der einen Perle aufzugeben oder gar alles zu verkaufen, den Erlös den Armen zukommen zu lassen und Jesus nachzufolgen. Das alles widerspricht menschlicher Erfahrung und Logik. Mit vernunftwidrigen Idealen und Risiken, so möchte man meinen, läßt sich das Leben eben nicht bestehen. Dem widerspricht Jesus. Er kann es nur, weil - so seine Sicht - Gott nur in absolut vertrauender "Unvernunft" zu verstehen ist. Ein solches Bild von Gott hat Jesus. Deshalb fordert er von den Adressaten seiner Predigt, sich im eigenen Lebensinteresse auf diesen Gott zu verpflichten. Mit "Gott" sagt Jesus das Paradoxe aus, als bedingungslose Gnade einerseits und als nicht zu relativierende Forderung andererseits. "Gnade" ist immer paradox, ebenso die Forderung des scheinbar Unmöglichen.

Dies muß man sich klarmachen, wenn man das Gottesverhältnis Jesu in der entscheidenden Jerusalemer Krise verstehen will. Dieser Grundlinie seiner Gottesverkündigung bleibt Jesus auch im Angesicht des Todes treu. Wie er mit dem Grundzug des Paradoxen im Handeln Gottes die Bereitschaft des Menschen provoziert, eigene Sicherheiten loszulassen und sich existentiell ganz auf jenen Gott zu verlassen, der alle vernünftigen Maßstäbe durchbricht, so handelt er auch selbst, und zwar da, wo er am folgenreichsten mit seiner ganzen Existenz in Frage gestellt ist. Nach den Maßstäben der Logik erweist sich Jesu Wirken als gescheitert, nach den Maßstäben religiöser Logik scheint er auch von Gott verworfen. Im Horizont der Logik ist es angesichts des katastrophalen Endes für Jesus nicht mehr möglich, den Anspruch von der Aufrichtung der Herrschaft Gottes aufrechtzuerhalten.

Aber da liegt gerade das Problem: Auch und gerade das vordergründige Scheitern ist für Jesus ein Scheitern nur in den Augen des auf die Mittel der Logik fixierten Menschen. Wenn Jesus von seinen

Adressaten forderte, sich ohne Wenn und Aber mit allen Risiken auf Gott zu verlassen, dann gilt es zunächst für ihn selbst, dieses Gottesbild in seine eigene Praxis umzusetzen. Wenn er also während seiner irdischen Wirksamkeit eine in sich stimmige Begründung für sein gewaltsames Sterben gegeben hätte, hätte er im Grunde seine eigene Forderung, sich mit allem Risiko auf Gott einzulassen, schon im Ansatz aufgehoben. Wenn Jesus dann Gott als Widerspruch zu aller Logik des Verstehens gerade in der kritischen Auseinandersetzung mit denen auslegt, die über seinen Willen zu wachen vorgeben, Gottes Sache zu verwalten sich legitimiert sehen und als Anwälte einer vermeintlich in sich stimmigen Theologie zu gelten, so ist das "Entweder-Oder" unausweichlich. *Das Paradoxon Gottes ist die Logik Jesu.*

Schließlich: Wenn der Anspruch Jesu, an Gottes Stelle zu reden und zu handeln, unableitbar ist und Jesus sich hier nicht auf eine "vernünftige" Begründung stützt, dann ist es nur konsequent, wenn er auch seinem Sterben selbst keine ableitbare "Erklärung" gibt, sich selbst nicht, erst recht aber seiner Umgebung nicht. Es scheint sich also für den Nazarener nicht aufzudrängen, seinem Sterben eine theologisch stimmige Sinndeutung zu verleihen, die aus der Tradition des atl. oder zeitgenössischen Judentums erklärbar und logisch hervorgeht. Deshalb greift Jesus selbst für die Sinngebung seines Sterbens auch nicht auf Deutungsmodelle zurück, die ihm hätten zugänglich sein können (z. B. das Modell des für seinen Auftrag leidenden Gerechten [Jes 52f]). Gerade darin zeigt sich die Provokation seines Denkens und Wirkens, daß er für sein Schicksal keine einsehbare "Erklärung" gibt.

6. Verhaftung, Prozeß und Hinrichtung Jesu

Der nächste Akt in der Dramaturgie des Passionsgeschehens ist Jesu Gang zum Ölberg mit seinen engsten Vertrauten, die sich in seiner tiefen Existenzkrise dann aber keineswegs als solche erweisen, sondern versagen. Freilich, auch hier ist die äußere Entwicklung nur schwer zu beschreiben, und das schon deshalb, weil wir ja keinen Augenzeugenbericht vom Geschehen in Getsemani haben *können.* Als historisches Faktum ist nur ziemlich sicher davon auszugehen, daß Jesus in den Ölgarten ging, um dort zu beten und die grundlegende Infragestellung seiner Sendung und seines von ihm gottgewollt verstandenen Auftrages auszutragen.

Auch daß die mitgekommenen Jünger sich als Versager in jener Stunde erweisen, läßt sich kaum anders als historisch zutreffend beurteilen; denn für die urchristliche Überlieferung waren "Versager-Szenen" wie diese oder die Verleugnung des Petrus alles andere als willkommen, wenn es später darum ging, in einer Art Konkurrenzsituation mit anderen religiösen Gruppierungen dafür zu werben, sich nach Ostern der Jüngergemeinde anzuschließen und sich mit ihr zum erhöhten Jesus zu bekennen. Daß hier kein Idealbild der Jesusjünger dargeboten wird, sondern die Augenzeugen Jesu in ihrer Wankelmütigkeit festgehalten sind, spricht deutlich für die historische Glaubwürdigkeit der Szenerie zumindest in ihrem Kern.

Bald nach der Getsemani-Szene muß es dann zur Verhaftung Jesu gekommen sein. In der Darstellung der Evangelien spielt dabei *Judas* eine Schlüsselrolle. Um ihn ranken sich in der ntl. Überlieferung die verschiedenartigsten Berichte vom durch den Satan verführten Verräter bis hin zur Diskreditierung eines Besessenen und Betrügers, der sich durch den Verrat Jesu habe bereichern wollen. Die historische Wirklichkeit sieht sehr viel nüchterner aus und nötigt uns, manche Übertreibung im herkömmlichen Judasbild zu korrigieren.

Auszugehen ist von der Tatsache, daß Judas ein von Jesus berufener Jünger des Zwölferkreises war und wahrscheinlich aus Judäa stammte. Möglich ist eine Herleitung des Namens "Iskariot" vom judäischen Ort "Kerijot" oder auch (weniger wahrscheinlich) "der Stadt" (Jerusalem). Wie dem auch sei, Judas hat sich offenbar zu einem Zeitpunkt, der sich schlecht genauer bestimmen läßt, von der Jesusgruppe getrennt und die entscheidenden Hinweise gegeben, Jesus in einer Nacht-und-Nebel-Aktion festzunehmen. Warum er sich von der Gruppe getrennt hat, ist nicht mehr genau auszumachen. Wenn man seinen Namen mit den Sikariern, einer militanten, mit Dolchen (lateinisch sicae) bewaffneten aufständischen Gruppe, in Verbindung bringen kann, mögen enttäuschte (zelotische) Erwartungen an Jesus auslösend für seinen Schritt gewesen sein. Spätestens sein Hinweis an das Verhaftungskommando führte ihn aus der Jüngergruppe heraus, und zwar endgültig.

Wir wissen nicht, welches Ende der ehemalige Jesusjünger genommen hat. Der Bruch des Verhältnisses zu Jesus war sicher radikaler als bei den übrigen Elf - er kehrte nach Ostern, wenn er denn zu diesem Zeitpunkt noch lebte, nicht mehr in den Jüngerkreis zurück, denn bekanntlich wurde der Zwölferkreis nach Ostern durch die Nachwahl des Matthias wieder ergänzt (vgl. Apg 1,21-26). Die landläufige Vorstellung ist die, Judas habe sich aus Verzweiflung über seine Untat erhängt. Das schließt sich an Mt 27,3-10 an. In Apg 1,15-19 wird sein Tod legendenhaft ausgemalt und als das Ergebnis des göttlichen Ratschlusses gedeutet. Zu welchen Übertreibungen im Hinblick auf Judas man in der frühen Kirche fähig war, zeigt Bischof Papias v. Hierapolis zu Beginn des 2. Jh. Nach seiner Darstellung in der Schrift "Worte des Herrn" ist Judas nach vielen Qualen an einem privaten Ort gestorben, der Ort sei vom Geruch aber so unbewohnbar gewesen, daß man an der Stelle nicht habe vorbeigehen können, ohne sich die Nase zuzuhalten! Das ist eine deutende Darstellung nach dem Muster volkstümlicher Legenden über besonders gottlose und verabscheuungswürdige Menschen. Josephus schildert z. B. ähnlich dramatisch den Tod des Herodes.

Wenn man diese merkwürdigen phantasievollen Ausschmückungen betrachtet, wird man gewiß zurückhaltender im Hinblick auf die historische Zuverlässigkeit der diversen Judas-Berichte. Schließlich ist auch festzuhalten, daß vom Bruch mit Jesus kein einziger der Jünger ausgenommen war. Die Verleugnung des Petrus bedeutet ja auch ein Höchstmaß an Distanzierung. Das entschuldigt Judas zwar nicht, läßt seine Ausgrenzung als "Sündenbock" in der urkirchlichen Überlieferung aber auch gerade als gerechtfertigt erscheinen.

Kommen wir zurück zur Verhaftung Jesu: Mit der Verhaftung und dem damit in Gang gesetzten Prozeß ist der Status der jüdischen Gerichtsbarkeit und ihrer Kompetenz in Jerusalem zur Zeit Jesu angesprochen. Die Fragen betreffen zunächst die Verhaftung. Die Evangelien berichten hier sehr unterschiedlich: Mt 26,47 spricht von Judas und einer im Auftrag der Hohenpriester und Ältesten des Volkes geschickten bewaffneten Meute, Mk hatte darüber hinaus als Auftraggeber noch die Schriftgelehrten erwähnt (Mk 14,43). Lk 22,50-52 läßt Hohepriester und deren Diener, Hauptleute der Tempelwache und Älteste vor Jesus persönlich erscheinen, während Joh 18,3.12 von einer Kohorte, Dienern der Hohenpriester und Pharisäer sowie einem Befehlshaber bei der Verhaftung Jesu berichtet, also die Römer an jenem Vorgehen zu nächtlicher Stunde mitbeteiligt.

Die historische Konstellation ist wieder nicht ganz einfach auszumachen. Wahrscheinlich sind Beauftragte des Hohenpriesters zur Durchführung der Verhaftung ausgezogen und haben Jesus auf ein Zeichen des Judas hin im Ölgarten gestellt. Daß von der Umgebung

Jesu ernsthafter Widerstand geleistet worden wäre, ist schon deshalb nicht zu vermuten, weil von den Jüngern offenbar keiner mitverhaftet wurde. Die Evangelien schildern das Geschehen im Kern sicher zutreffend, indem sie den wehrlosen Jesus einer bewaffneten Horde gegenüberstellen, der daraufhin von seinen Anhängern fast gänzlich verlassen wird. Das Joh-Evangelium weicht mit seiner Einbeziehung des römischen Militärs bei der Verhaftung wohl von der historischen Szenerie ab, denn zum Zeitpunkt der Festnahme Jesu bestand für die Römer noch kein Grund zum Eingreifen. Der vierte Evangelist sieht die Dinge aber insofern recht zutreffend, als er mit dem von ihm dargestellten Zusammenspiel zwischen jüdischer Hierarchie und römischer Staatsmacht auf die entscheidende und für Jesus verhängnisvolle Koalition von religiöser Führungselite und politisch Letztverantwortlichen vorausweist.

Die Initiative zur Festsetzung Jesu ging also so gut wie sicher von der Hohenpriesterschaft aus. Gerade die hohepriesterliche Leitung mußte ein Interesse daran haben, Jesus möglichst schnell zu neutralisieren, weil das Paschafest vor der Tür stand. Juristisch war dieses Vorgehen für die jüdische Institution durchaus möglich, weil sie in Fragen des Tempels noch eine relative Selbständigkeit bewahrt hatte. Die Römer griffen in den Fragen der Jurisdiktion hier nicht zu weit ein, zumal sie an der Funktionsfähigkeit des Status quo interessiert waren, nicht zuletzt aus finanziellen Gründen. Da der Tempelbetrieb auf einer gut funktionierenden Organisation basierte, waren auch die sadduzäischen Kreise, die dort die Verantwortung und Aufsicht hatten, darauf aus, ihren Bereich vor allen Störungen zu sichern. Sie waren in höchstem Maße sensibel für Unruhen, nicht zuletzt im Interesse der Wahrung des letzten Restes von Autonomie und Selbstverwaltung.

Anders liegen die Kompetenzen in der Kapitalgerichtsbarkeit. Die Gebiete Judäa, Samaria und Idumäa waren nach dem Tod Herodes' d. Gr. an dessen Sohn Archelaus übergegangen. Nach anfänglichen religionspolitischen Versprechungen, aber bald darauffolgenden rigiden Maßnahmen des Herodes-Nachfolgers gegen die jüdische Bevölkerung wurde dieser auf jüdische Intervention hin nach Rom zitiert und in die Verbannung nach Gallien geschickt. Sogar die den Judäern verhaßten Samaritaner hatten diesen Vorstoß mitgetragen, wie Josephus berichtet:

> Als Archelaus die Herrschaft über die Ethnarchie übernommen hatte, behandelte er in Erinnerung an vergangene Streitigkeiten sowohl die Juden als auch die Samaritaner so grausam, daß beide Gruppen gegen ihn Gesandtschaften zum Kaiser schickten. Er wurde daraufhin im neunten Jahr nach Vienna, einer Stadt in Gallien, verbannt (Jüd. Krieg 2,111).

Judäa wurde nun unmittelbar dem römischen Kaiser unterstellt, also nicht mehr von einem jüdischen Herrscher regiert. Damit verlor die Provinz ihre bisher schon begrenzte Eigenständigkeit praktisch vollends. Judäa wurde von den Römern wie jene Provinzen eingestuft, die als besonders rebellisch galten. Die unmittelbare Verwaltung wurde nun einem Statthalter, einem Präfekten, übertragen. Auch hier ist Josephus wieder ein wichtiger Zeuge:

> Das Gebiet des Archelaus wurde in eine Provinz umgewandelt, und als Prokurator wurde Coponius ... entsandt, er empfing vom Kaiser obrigkeitliche Gewalt einschließlich des Rechts, die Todesstrafe zu verhängen (Jüd. Krieg, 2,117)

Damit war Judäa praktisch ganz dem römischen Rechtssystem unterstellt und konnte eigene Rechtskompetenzen nur der römischen Besatzungsmacht abringen; umgekehrt war für das Selbstverständnis Roms die Rechtshoheit in der unruhigen Provinz als Ausdruck seiner Autorität vordringlich. Wenn die jüdische Selbstverwaltung also autonom handeln wollte, beruhte das immer nur auf einem Zugeständnis der Besatzer. Im Interesse der innenpolitischen Stabilität konnte die Besatzungsmacht dann zwar durch Ausnahmegenehmigungen gewisse begrenzte Selbstverwaltungsrechte einräumen, die Gerichtskompetenz für Kapitalverbrechen blieb aber allein den Römern vorbehalten. Das Recht der Verurteilung zum Tode stand deshalb allein und ausschließlich dem Prokurator als dem Repräsentanten des kaiserlichen Hofes zu. Man muß dieses Recht und dessen Durchsetzung immer auch auf der Ebene des römischen Autoritätsbewußtseins verstehen und sehen, daß die Römer in der gegebenen Konstellation gar nicht anders konnten, als sich schon aus den erwähnten Statusgründen die Kompetenz in der Kapitalgerichtsbarkeit vorzubehalten.

Die beschriebene Kapitalgerichtsbarkeit und ihr Vollzug durch den Prokurator war allerdings streng auf dessen Gebiet beschränkt und setzte seine Anwesenheit voraus. Wenn Jesus also zum Tod, zumal zum Kreuzestod verurteilt werden sollte, mußte der römische Statthalter Pilatus in dem Jesus von jüdischer Seite vorgeworfenen Vergehen ein todeswürdiges Kapitalverbrechen erkennen. Das bedeutet nicht, daß der Hohe Rat und Pilatus inhaltlich in der Sache selbst zu derselben Bewertung gekommen sein mußten, sondern es ist durchaus möglich, daß Jesus für beide Instanzen eine ganz unterschiedlich wahrgenommene Bedrohung darstellte: Die Gottesreichpredigt am Tempel mit dem von Jesus erhobenen Selbstanspruch und ihrer Zuspitzung im sog. "Tempelwort" konnte für die Hohepriesterschaft als ein nicht hinnehmbares Sakrileg, für Pilatus dagegen als eine politisch gefährliche aufrührerische Initiative eingestuft werden, der auf schnellstem Wege Einhalt zu gebieten sei. Entscheidend ist dabei die Haltung des *Pilatus.*

Kommen wir auf den Fortgang der Geschehnisse zurück: Uns liegen in den Darstellungen der Evangelien zwar eingehende "Prozeßberichte" vor den jüdischen Instanzen vor, aber von exakten Darstellungen kann keine Rede sein. Das hat seinen äußeren Grund darin, daß, wie immer die Befragung Jesu oder die Verhandlung gegen Jesus vorzustellen ist, keine Öffentlichkeit beteiligt wird, sondern der angeklagte Jesus sich allein dem höchsten jüdischen Gremium gegenübersieht. Wer soll also davon "objektiv" berichten? Die Erzählungen, die sich dann gebildet und die entscheidenden historischen Vorgänge im Kern bewahrt haben, versuchen die angeklagte Person Jesus mit theologischen Motiven aus dem AT, vor allem den Psalmen, zu verstehen. So kann man von der Prozeß- und Passionsdarstellung Jesu eher von einem *Deutungsversuch* Jesu im Lichte des AT sprechen als von einem *Prozeßprotokoll.* Die Darstellungen der Evangelien gehen zwar nicht an der Historie vorbei, aber sie listen die Geschehnisse schon allein deshalb nicht statistisch bzw. protokollarisch auf, weil der für sie so bedrängende Widerspruch zwischen Jesu Wirken und seiner Demütigung in den Tagen in Jerusalem zu existentieller Stellungnahme herausfordert. Dazu dient ihre heilige Schrift als Deutungsquelle.

Die Schwierigkeit der historischen Rückfrage beginnt schon mit dem Problem, wo Jesus nach seiner Verhaftung festgehalten wurde. Wenn man Jesus in das Haus des Hohenpriesters brachte, ist die Frage zu stellen, ob die Verhandlung quasi "privaten" Charakter trug. Immerhin hatte das Synedrium auch einen Versammlungssaal (unweit der Westmauer des Tempels). Daß der gesamte Hohe Rat mit seinen 71 Mitgliedern zusammengekommen wäre, ist schon wegen der Kürze der Zeit fraglich; auf der anderen Seite wäre die vollzählige Versammlung dann notwendig gewesen, wenn gegen Jesus ein förmliches Urteil hätte ausgesprochen werden sollen. Das aber ist schon deshalb nicht besonders wahrscheinlich, weil der Hohe Rat nicht nur kein Todesurteil vollstrecken, sondern in der politischen Konstellation nach 6 n. Chr. nicht einmal aussprechen konnte; allenfalls Nichtjuden, die gegen das Verbot, den inneren Tempelbezirk zu betreten, verstießen, konnten mit dem Tod bestraft werden. Natürlich versuchte man, ein förmliches Verfahren gegen Jesus in Gang zu setzen und Indizien gegen ihn aufzutreiben oder Geständnisse zu erreichen, die beim römischen Statthalter ernstgenommen wurden, aber weitergehende Maßnahmen waren nicht möglich.

Den Instanzen der Tempelhierarchie in Gestalt des Hohen Rates und der römischen Provinzverwaltung lag bei aller Unterschiedlichkeit ihrer Interessen vor allem an der Funktionsfähigkeit des Tempels als religiösem (jüdische Seite) und politischem (römische Seite) Stabilisierungsfaktor. Dahinter tritt das in den Evangelien überlieferte Bekenntnis Jesu vor dem Hohen Rat (Mk 14,62 parr) wohl doch zurück, zumal ein Bekenntnis, der "Sohn des Hochgelobten" zu sein, nach jüdischem Verständnis kein Bestandteil eines Messiasanspruchs ist; zudem wäre selbst dieser nach jüdischem Recht kein todeswürdiges Vergehen. Wenn man also davon ausgehen kann, daß im hohenpriesterlichen Verhör Anklagepunkte gegen Jesus gesammelt werden sollten, die sich auch bei der römischen Instanz verwerten ließen, wird man das bei Mk überlieferte Jesusbekenntnis (Mk 14,62: "Jesus aber sprach: 'Ich bin es, und ihr werdet den Menschensohn sehen, sitzend zur Rechten der Kraft und kommend mit den Wolken des Himmels'"), das Mt modifizierend aufnimmt (Mt 26,63f: "Es sagt ihm Jesus: '*Du* sagtest es. Jedoch ich sage euch: Von nun an werdet ihr sehen den Menschensohn, sitzend zur Rechten der Kraft und kommend auf den Wolken des Himmels'") und Lk 22,70 schillernd offen läßt ("Es sprachen aber alle: '*Du* also bist der Sohn Gottes?' Er aber sagte zu ihnen: '*Ihr* sagt, daß ich's bin'"), gegenüber dem Tempelwort in seiner Bedeutung für den Prozeßverlauf eher zurückhaltend beurteilen. Dieses Tempelwort (Mk 14,58) steht in dem Bericht vom Verhör vor dem Hohen Rat zudem eigenartig unverbunden neben dem Sohn-Gottes-Bekenntnis. Es ist aber viel eher geeignet, bei den Römern gegen Jesus effizient vorgebracht zu werden. Vom Hohenpriester konnte es als Sakrileg verstanden werden, die römische Administration konnte in dieser Behauptung, zumal in der Verbindung mit dem als subversiv wahrgenommenen Anspruch auf die Herbeiführung der Gottesherrschaft, eine Gefahr der Destabilisierung sehen. Deshalb scheint es am nächstliegenden, daß die jüdische Behörde in Jesu Tempelwort (und tempelkritischem Verhalten) die geeignete Handhabe sah, erfolgreich gegen Jesus vorzugehen und ein effizientes, schnelles Vorgehen der Römer zu erwirken.

Mit diesem sicher nicht gerade reichlichen Anklagematerial versuchte man die römische Verwaltung einzuschalten. Spätestens hier steht Jesus völlig allein seinen jüdischen Anklägern bzw. der römischen Gerichtsbarkeit gegenüber. Bis zum Verhör im Haus des Hohenpriesters war Petrus immerhin noch - wenn auch aus einiger Entfernung - gefolgt, hatte sich aber letztlich da von Jesus distanziert, wo er sich hätte solidarisch zeigen können oder müssen. Zumindest der Kern der Episode von der Petrus-Verleugnung (Mk 14,66-72 parr) beruht auf historischer Grundlage. Sicher, Mk hat die Szene zu einer Ermahnung an die Adressaten seiner Evangelienschrift ausgestaltet und stilisiert, sich bis zur Kreuzesnachfolge als Jünger Jesu zu bewähren. Das zeigt die ausdrückliche Gegenüberstellung des Offenbarungsbekenntnisses Jesu "Ich bin es" (Mk 14,62) und der Distanzierung des Petrus von Jesus ("Weder weiß ich noch verstehe ich, was du da sagst" [Mk 14,68]), die dazu noch zweimal wiederholt wird. Aber daß hier eine historische Erinnerung im Hintergrund steht, ist zweifellos die am besten zu begründende Annahme.

Der Passionsbericht der Evangelien schließt an das Verhör vor dem Hohen Rat bzw. die Verleugnungsszene das Verhör vor Pilatus an (Mk 15,1-15 parr). Damit tritt jene Person auf den Plan, die die letzte Entscheidung über das Schicksal Jesu zu treffen hatte. Ihm wurde Jesus von der jüdischen Tempelaristokratie überstellt, die damit die Grenzen ihrer Rechtsprechungskompetenz einhielt.

Da Pilatus alles andere als der jüdischen Seite zugetan war, ist die Frage des Verhältnisses der Religionsführung in Jerusalem zum römischen Statthalter schwer aufzuhellen. Doch können einige Einzelheiten zu einem einigermaßen zutreffenden Bild verhelfen. Pilatus hatte, wie Josephus zu berichten weiß, in Jerusalem aufgestellte Kaiserbilder, die die Juden als Provokation empfanden, erst auf eine tagelange Demonstration der Bevölkerung hin wieder fortschaffen lassen (Jüd. Krieg, 2,169-174). Philo v. Alexandrien, der gelehrte Diasporajude aus dem 1. Jh. n. Chr., berichtet, Pilatus habe gefürchtet, das jüdische Volk werde sich bei Kaiser Tiberius über seine Bestechlichkeit, seine Räubereien, fortgesetzten Hinrichtungen ohne Gerichtsverfahren u. a. beschweren. Auf jüdisches Gesuch hin sei Pilatus tatsächlich vom Kaiser schwer getadelt worden. Auf Veranlassung des *Kaisers* seien dann die Kaiserschilde in Jerusalem entfernt worden (Gesandtschaft an Caligula 299-305). Ungleich härter ging er kurze Zeit später gegen Demonstranten vor, die darüber aufgebracht waren, daß er eine Wasserleitung nach Jerusalem aus dem Tempelvermögen finanzierte (Josephus, Jüd. Krieg, 2,175).

Wie das Verfahren vor Pilatus vor sich ging, wird von den Evangelien im Kern mit großen Gemeinsamkeiten, aber doch auch mit manchen redaktionellen Akzentuierungen überliefert. Alle Evangelien berichten gleichlautend, daß Pilatus Jesus "ausgeliefert" habe. Daraus den Schluß zu ziehen, der römische Statthalter habe gegen Jesus gar kein ordentliches Gerichtsverfahren durchgeführt, sondern nur den Vollzug einer Verwaltungsmaßnahme befohlen, wäre sicher unangemessen. Immerhin sprechen Joh 19,13 vom "Richterstuhl" des Pilatus und Lk 23,24 von einem "Urteil" des Pilatus. Diese Notiz ist insofern bemerkenswert, als Lk in der Gesamtdarstellung seiner Passionsgeschichte und insbesondere auch im unmittelbaren Kontext die Tendenz verfolgt, Pilatus in seiner Verantwortung zu *ent*lasten und die jüdische Seite zu *be*lasten. Bezeichnend ist deshalb, daß für Lk nicht die Amnestieforderung des Volkes die entscheidende Rolle für die Verurteilung Jesu spielt, sondern die Entscheidung des Pilatus, der Jesus in ihre, d. h. des Volkes Gewalt gibt (Lk 23,25: "Jesus aber lieferte er ihrem Willen aus"). Selbst Lk scheint hier also ein Gerichtsverfahren vorauszusetzen. Es ist auch kaum vorstellbar, daß Pilatus sich von jüdischer Seite hätte ein Urteil "diktieren" lassen, um es nur zum Vollzug freizugeben. Ich erinnere an den Zusammenhang von Autoritätsdemonstration und Jurisdiktionsgewalt.

Im Zentrum des Verfahrens vor Pilatus, das wahrscheinlich im Prätorium, dem früheren Palast des Herodes, stattfand (heute in der Nähe der Zitadelle unweit des Jaffa-Tores), stehen, wie in einem regulären römischen Prozeß üblich, die Aussage der Anklage, die Erklärungen der Zeugen und die Befragung des Angeklagten selbst. Das Ergebnis der Vernehmung Jesu ist die Feststellung der Schuld durch Pilatus. Nach dem römischen Prozeßrecht kann auf einen förmlichen Urteilsspruch verzichtet werden, wenn der Angeklagte geständig ist. Die Frage ist, ob ein mögliches Schweigen Jesu, von dem die Evangelien sprechen, so gewertet werden kann. Man muß nur berücksichtigen, daß das "Schweigen" des Gedemütigten ein theologisches Deutungsmotiv des Gerechten im AT ist. Gerade das vierte Gottesknechtslied Jes 52,13-53,12, das von der urchristlichen Überlieferung auf breiter Ebene als Deutungsmodell für die Bewältigung des Todes Jesu herangezogen wird, weiß um das Schweigen des Gerechten:

> Er wurde mißhandelt und niedergedrückt, aber er tat seinen Mund nicht auf. Wie ein Lamm, das man zum Schlachten führt, und wie ein Schaf angesichts seiner Scherer, so tat auch er seinen Mund nicht auf (Jes 53,7).

Es ist zwar nicht ausgeschlossen, daß Jesus durch Schweigen zum Urteilsspruch beitrug, daß dieses also als Geständnis ausgelegt werden konnte, aber gerade an dieser Einzelheit wird wieder die Verschränkung von möglicher historischer Grundlage und urchristlich theologischem Verstehensversuch deutlich.

Das vermeintliche Schweigen ist indes auch nicht die einzige Reaktion Jesu im Pilatus-Verhör. Eigentümlich zwiespältig ist der erste bei Mk 15,2-5 geschilderte Dialog zwischen Pilatus und Jesus. Mk 15,2 fragt Pilatus Jesus: "Bist du der König der Juden?" Darauf antwortet Jesus mit einer Frage, die die Sache kaum weiterbringt, sondern eher Pilatus in die Enge drängt: "*Du* sagst das?"

Das ist keine Zustimmung zum Inhalt der Frage, aber auch keine Abweisung. Die Evangeliendarstellung zeichnet Jesus so als den Angeklagten, der in seiner ohnmächtigen Situation sich trotzdem als der erweist, der sein Gegenüber unter Entscheidungsdruck setzt.

Die Frage, was letztlich an objektivierbaren Tatbeständen für die Verurteilung Jesu in Anschlag zu bringen ist, ist nicht leicht zu beantworten. Auszugehen ist von der Tatsache des *Kreuzestodes*, zu dem Jesus von Pilatus verurteilt wurde, nachdem er von den jüdischen Instanzen an die römische Gerichtsinstanz überstellt worden war. Die Verurteilung zur Kreuzeshinrichtung setzt den Tatbestand des politischen Kapitalverbrechens voraus. Die Anklage der jüdischen Hohenpriesterschaft muß zwar nicht identisch mit der gerichtlichen Schuldfeststellung, dürfte aber doch eine hinreichende Grundlage für die römische Auswertung sein. Erinnern wir uns noch einmal: Jesus wurde nach Auskunft der Evangelien wegen des Anspruches der Gottessohnschaft (Mk), der Messianität (Lk) oder von beidem zusammen (Mt) der römischen Instanz überantwortet (Joh überliefert nur die Überstellung an Pilatus ohne vorausgegangenes Bekenntnis Jesu). Wesentlicher Anklagepunkt war aber wohl Jesu prophetisches Tempelwort, das er als Konsequenz seiner mit ihm verbundenen Gottesreichverkündigung aussprach. Die äußere Handlung der sog. "Tempelreinigung" mag für die jüdische Seite zusätzlich als Gefahr für die Tempelinstitution gewertet worden sein, sie spielt aber bei der Pilatus-Verhandlung eigentlich keine wesentliche Rolle. Ziemlich sicher ist jedoch der Vorwurf Jesus gegenüber festzumachen, er sehe sich als "König der Juden". So sagt es die historisch kaum zu bezweifelnde Kreuzesinschrift, in der Jesus mit dem Königstitel ironisch verhöhnt wird.

Die historische Konstellation, die zur Verurteilung Jesu führte, läßt sich weiter präzisieren: Die Attacke Jesu gegen die Tempelinstitution konnte sehr schnell die eigentlich verfeindeten Parteien der Hohenpriesterschaft auf der einen und des Pilatus auf der anderen Seite zu einer zweckgebundenen Koalition zusammenbringen. Seine mit der Tempelkritik verknüpfte Predigt vom in ihm nahegekommenen Königtum Gottes war dazu angetan, von jüdischer Seite als Blasphemie, von römischer Seite als aufrührerische Aktion zur Destabilisierung der römischen Staatsmacht aufgefaßt zu werden, der schleunigst Einhalt zu gebieten sei. Für diese "Gefährdung" in der Sicht der Römer ist eine Bemerkung des Josephus über die Situation Judäas in den 60er Jahren des 1. Jh. illustrierend:

> So war Judäa eine wahre Räuberhöhle, und wo sich nur immer eine Schar von Aufrührern zusammentat, wählten sie einen König, der zum Verderben für die Gesamtheit wurde. Den Römern fügten sie nur geringen Schaden zu, gegen das eigene Volk aber wüteten sie mit Mord (Jüd. Altertümer 17,10,8).

Illustrierend ist der Text deshalb, weil auch hier von einem "König", der angeblich Unruhe stiftet, die Rede ist. Die Josephus-Bemerkung gibt zumindest die Sensibilität des Staates für alle Gruppierungen wieder, die sich öffentliches Interesse verschafften.

Das in den Augen des Hohen Rates religiöse Delikt Jesu, das sich auf seine Äußerung gegen den Tempel mit seinem Anspruch auf das Nahegekommensein des Königtums Gottes gründete, wurde für die Römer also zu einer Sache des politischen Hochverrats gegen den Kaiser und seine Institution. Diese Sicht konnte sich für die staatlichen Instanzen zudem dadurch verfestigen, daß die jüdisch-apokalyptischen Kreise, aus denen auch Jesus kam, seit rund 200 Jahren systemkritisches Gedankenpotential verbreitet hatten und schon von daher mit Argwohn zu betrachten waren. Jesus war für Pilatus nicht mehr als ein solch gefährlich-subversiver Jude mit politisch-aufrührerischen Ambitionen, der dazu noch aus einer notorisch unruhigen Region kam und umso leichter zu beseitigen war, als die Initiative zum Prozeß gegen ihn von der Leitung der jüdischen Gesellschaft in Jerusalem kam.

Wir haben es also im Grunde mit zwei unterschiedlich gelagerten Beweggründen zu tun, die zum Einschreiten gegen Jesus führten:
a) mit dem Vorwurf der religiösen Anmaßung bzw. konkret einer potentiell destabilisierenden Provokation des Tempels samt der Bestreitung seiner heilsmittlerischen Kompetenz (so die Hohepriesterschaft);
b) mit dem Vorwurf angemaßter Königswürde und politischer Aufrührerschaft (römische Staatsmacht).
Beide Anklageebenen beziehen sich mit ziemlicher Sicherheit primär auf Jesu Tempelwort, beide Seiten, Religionsführung und römische Administration, sehen im Tempel ihre gemeinsamen Interessen für die Aufrechterhaltung des Status quo in Jerusalem. Aber die Akzeptanz der Pilatus-Entscheidung gegen Jesus geht doch offenbar über den engeren Kreis der Jerusalemer Religionsleitung hinaus. Zwar ist eine historische Beurteilung der Vorgänge um die Freilassung des Barabbas, der wahrscheinlich ein zelotischer Widerstandskämpfer war, schwierig, da von einer "Pascha-Amnestie" erst in relativ späten jüdischen Texten die Rede ist. Mt 27,15-26, Mk 15,6-15 und Joh 18,39-19,1 erwähnen ausdrücklich diesen Brauch der Freilassung am Pascha-Fest, Lk 23,18-25 dagegen schildert die Freilassung des Barabbas ohne Erwähnung jener vermeintlichen Freilassungspraxis. Auch mit der lk Version muß man - historisch gesehen - sehr vorsichtig umgehen, denn unverkennbar ist die Intention des Lk, Pilatus einen objektiv Unschuldigen eigentlich freilassen zu wollen und Jesus völlig als das Opfer der Menge darzustellen.

Daß die Barabbas-Freilassung der historischen Wirklichkeit entspricht, kann man gleichwohl annehmen, das "Wie" bleibt dagegen im Dunkeln. Ohne Konsens mit dem Volk wäre Barabbas wohl kaum freigekommen, d. h. aber auch, daß ohne einen relativen Konsens mit dem Volk Jesus nicht hätte liquidiert werden können.

Welche Rolle spielte also das Jerusalemer Volk beim Verfahren gegen Jesus? Vielleicht hilft uns da ein wenig weiter, was im Jesusjünger Judas vorgegangen war. Er war ja von einem Jünger zu einem Gegner Jesu geworden; möglicherweise ist der Weg des Volkes vom "Hosianna" zum "Kreuzige ihn" einer ähnlichen Entwicklung unterworfen: Beide, der ehemalige Jesusjünger und das Volk sind in ihrem jeweiligen Verhalten nicht direkt miteinander zu vergleichen, aber der Prozeß, der zum Stimmungsumschwung führt, verläuft möglicherweise analog. Mit den enttäuschten Erwartungen, die Judas gegen die charismatisch-prophetische Jesusgestalt aufgebracht hatte und die ihn zu seiner Tat getrieben hatten, wird der Umschwung des Volkes vom "Hosianna" zum "Kreuzige ihn" zumindest vorstellbar. Festzuhalten bleibt jedenfalls als wahrscheinlicher Hintergrund der Auslieferung Jesu, daß er nicht zuletzt auf Drängen auch des Volkes zur Hinrichtung verurteilt, Barabbas aber in die Freiheit entlassen wurde. Mit der Entscheidung des Pilatus für den Aufrührer Barabbas und gegen Jesus war dessen Hinrichtung beschlossene Sache. Eindeutig ist aber dessen ungeachtet, daß das Urteil auf *Pilatus* zurückgeht.

Entsprechend der Hinrichtungspraxis besonders von nichtrömischen Bürgern wurde Jesus vor der Kreuzigung der Folter durch Geisselung übergeben, die also der erste Akt der Kreuzesstrafe war. Auffällig zurückhaltend und kurz heißt es Mk 15,15:

> Pilatus aber wollte der Schar Genüge tun; er gab ihnen Barabbas frei und lieferte Jesus zur Kreuzigung aus, nachdem er ihn hatte geißeln lassen.

Wie grausam dieses Vorgehen der Folterkommandos war, läßt uns Josephus ahnen. Er berichtet von einem gewissen Eleazar, der Aufstände gegen die Römer angezettelt hatte und von ihnen gefangengenommen worden war:

> Der Feldherr befahl, den Jüngling nackt auszuziehen, ihn an einem Ort aufzustellen, von wo er für alle, die von der Stadt herüberblickten, möglichst gut sichtbar war, und ihn mit Geißeln auszupeitschen. Heftig packte die Juden das Mitleid mit dem Jüngling. Die ganze Stadt begann zu wehklagen, und die Trauer war weit größer, als es der Verlust eines einzigen Mannes eigentlich erlaubt hätte (Jüd. Krieg 7,200).

Folter und Kreuzigung in Verbindung miteinander werden schon in griechisch-hellenistischer Zeit angewendet. So spricht Platon in seiner Schrift "Gorgias" in einem hypothetischen, aber dennoch der Erfahrungswirklichkeit entsprechendem Beispiel von einem Verbrecher, der die Macht der Tyrannis anstrebt, dann aber gefoltert und schließlich gekreuzigt wird (Gorgias 473). Philo v. Alexandrien berichtet von ähnlichen Praktiken bei Übergriffen in Alexandrien gegen die Juden:

> ... wurden abgeführt, gegeißelt, ans Rad geflochten - und nach allen Martern, die ihre Körper ertragen konnten, war die letzte und endgültige Strafe das Kreuz (Gegen Flaccus 72).

Von Kaiser Nero heißt es, er habe sich selbst an Folterungen von zu Kreuzeshinrichtungen Verurteilten beteiligt. Gerade bei ihm zeigt sich dann auch im Zusammenhang der Ausbrüche gegen die Christen, wie sehr Folter und Volksbelustigung zusammenkommen konnten:

> Sie [die Christen] wurden in Felle wilder Tiere gesteckt und sollten dann von Hunden zerrissen werden; andere wurden ans Kreuz geschlagen, um nach Eintritt der Dunkelheit angezündet zu werden und als Fackeln zu dienen (Tacitus, Annalen 15,44,4).

Ausdrücklich sagt Tacitus, man habe den Christen mit dieser Folter bei ihrem Tode noch Schmach angetan. Geißel und Kreuzigung sind also nicht nur Folterstrafen schlimmster Brutalität, sondern vor allem Ausdruck tiefster Demütigung und Menschenverachtung. So sind sie gezielt als Warnung an mögliche Sympathisanten von römischer, aber auch an die jüdische Seite gerichtet. Über einen angeblichen und selbsternannten König bzw. einen Anführer, der von den politischen Instanzen als Bedrohung der eigenen Machtstabilität eingestuft worden war, sollte man sich demütigend lustig machen, der Rebell gegen das System frommer Ordnung sollte in seiner Ohnmacht, verlassen auch von seinen Gefolgsleuten, bis zum letzten Ende öffentlich zur Schau gestellt werden.

7. Das Sterben Jesu

Nach römischer Hinrichtungspraxis wurden die Todesurteile außerhalb der Stadt vollstreckt. Die Mk 15,22 genannte Stätte Golgota lag außerhalb der Stadtmauer des herodianischen Jerusalem und wird überwiegend mit jener Stelle identifiziert, wo heute die Grabeskirche steht. Wenn die Notiz Mk 15,21, daß ein Mann namens Simon aus Zyrene (Nordafrika) Jesus den Kreuzesbalken trug, auf historische Grundlage zurückgeht, war der Gefolterte schon so geschwächt, daß man ihm den Querbalken abnehmen mußte.

Schließlich wird die Schmach Jesu in der Hinrichtung am Kreuz auf die Spitze getrieben. Nach Dtn 21,23 ist der Tod am Schandpfahl ein untrügliches Zeichen für eine Verurteilung auch durch Gott. Daß ein Gekreuzigter an Gottes Stelle stehen soll, ist deshalb ein für den schriftkundigen Juden absurder Gedanke. Diese Haltung schlug Jesus denn auch in Verhöhnungen von Seiten der Henker entgegen, aber auch in der Distanzierung seiner Getreuen von ihm. Es geht ja nicht nur darum, daß sein Jüngerkreis nicht den Mut gehabt hätte, ihm auf dem Weg zu folgen, sondern darum, daß sich dieser aus "Überzeugungsgründen" von ihm getrennt hatte. Allein einige Frauen, allen voran Maria aus Magdala, die in allen sonst spannungsvollen Überlieferungen vorkommt, scheinen Jesus noch gefolgt zu sein. Wie weit und wohin genau sie Jesus nachgegangen sind, entzieht sich unserer Kenntnis. Es ist auch müßig und sachlich unbedeutend, darüber zu spekulieren. Freilich mag hier die einzige Traditionsquelle für die Überlieferung der letzten Stunden Jesu liegen, soweit uns überhaupt "exakte" Zeugnisse diesbezüglich weitergegeben worden sein können.

Das gilt dann auch für die letzten Worte Jesu am Kreuz, die er, erschöpft vom Martyrium der Stunden seit seiner Verurteilung, gesprochen haben kann. Allen Überlieferungen ist die unbedingte Ergebung in die Hände des Vaters gemeinsam, auch der Mk/Mt-Tradition, denn der für die Sterbestunde Jesu so wichtige Ps 22 zeichnet den Weg des leidenden Gerechten von seiner Erfahrung der Verlassenheit bis zum Vertrauen auf Wendung seines Schicksals. Wenn Jesus am Ölgarten nach intensiver Auseinandersetzung mit sich selbst und dem von ihm erkannten Willen Gottes zu einer inneren Zustimmung zu seinem Leidensweg kam, ist davon auszugehen, daß er auch im Ausdruck innigsten Vertrauens zu seinem Vater das Sterben bewältigte.

Bleiben wir noch ein wenig bei dieser Mk/Mt-Notiz: Mk und im Anschluß an ihn Mt lassen Jesus Ps 22,2 ausrufen ("Mein Gott, mein Gott, warum hast du mich verlassen?"), die Anwesenden das Gebet als Schrei nach Elija mißverstehen und Jesus wieder zum ohnmächtigen Gespött werden, bevor er nach einem anschließenden Schrei verstirbt. Deutlich ist, wie sehr das Sterben Jesu im Lichte des atl. Psalters, nicht nur von Ps 22, gesehen wird; denn in Ps 69,22 spricht der unschuldig verfolgte Beter:

> Sie gaben mir Gift zu essen, für den Durst reichten sie mir Essig.

Aber auch der Schrei hat seine Bedeutung in der frommen Tradition des Judentums, insofern er schon ein Zeichen des Sieges ist. Im ausserbiblischen äthiopischen Henochbuch sagt Henoch, der verwandelte Menschensohn:

> Und ich fiel auf mein Angesicht, und mein ganzer Leib schmolz dahin, und mein Geist wurde verwandelt, und ich schrie mit großer Stimme, mit dem Geist der Kraft, und ich pries und verherrlichte und erhöhte ihn (71,11).

So gesehen, versteht der Evangelist den Tod Jesu schon im Horizont des österlichen Sieges. In aller Erhabenheit läßt Lk das Leben Jesu enden, wenn der dritte Evangelist dem Sterbenden die Worte in den Mund legt:

> Vater, in deine Hände empfehle ich meinen Geist (Lk 23,46).

Auch hier greift der Erzähler auf ein Psalmwort, nämlich Ps 31,6, zurück:

> In deine Hände lege ich voll Vertrauen meinen Geist; du hast mich erlöst, Herr, du treuer Gott.

Ganz anders wieder spricht Joh 19,30, wo das Martyrium Jesu schon ganz im Zeichen der Vollendung und des Sieges gesehen wird:

> Es ist vollbracht.

Wir sehen, wie wenig der Tod Jesu nur als Faktum festgehalten werden kann. Die Spannung zwischen dem Anspruch Jesu, an Gottes Stelle zu wirken, und seinem ohnmächtigen Ende hält sich in seiner ganzen Widersprüchlichkeit durch und wird durch das anschließende Bekenntnis des heidnischen Hauptmanns zu Jesus noch einmal in seiner ganzen Paradoxie auf die Spitze getrieben (vgl. Mk 15,39), einer Deutung, die wohl erst auf die Hand des Mk zurückgeht. Was den faktischen Hergang angeht, scheint Jesus relativ früh aufgrund der furchtbaren Schwächung seines Körpers durch Geißelung, Folter und Kreuzigung, die bei vollem Bewußtsein zum Kollaps des Organismus führte, gestorben zu sein. Eine exakte medizinische Todesursache muß nach neueren Forschungen allerdings offenbleiben.

Die Evangelien berichten, ein angesehener Ratsherr mit Namen Josef v. Arimathäa, habe Pilatus um den Leichnam Jesu gebeten und diesen in einem Grab bestattet. Das ist für römische Rechtsverhältnisse ungewöhnlich, für Juden aber eine fromme Pflicht, nicht nur aus Respektsgründen vor einem für noch so gescheitert erklärten Leben, sondern weil der Tote die kultische Reinheit gefährdet:

> ... obwohl doch die Juden für die Beerdigung der Toten so sehr besorgt sind, daß sie sogar die Leichen der zum Kreuzestod Verurteilten vor Sonnenuntergang herunternehmen und beerdigen ... (Josephus, Jüdischer Krieg 4,317)

2 Sam 21,9-14 läßt den Pietätsgedanken noch deutlicher erkennen. Wenn man den rituellen Hintergrund berücksichtigt, ist die Notiz der Evangelien historisch durchaus glaubwürdig, auch wenn man der lk Angabe, Josef v. Arimathäa sei Mitglied des Hohen Rates gewesen, nicht folgen will. Denn daß gerade ein Mitglied jenes Gremiums, das Jesus den Römern ausgeliefert hatte, die Bestattung Jesu übernommen haben soll, ist nicht sehr wahrscheinlich.

Schlußüberlegung

Mit dem schmachvollen Tod am Kreuz endet das Wirken des irdischen Jesus. An diesem Tiefpunkt, der freilich zum paradoxen Neubeginn werden sollte, sei noch einmal das Wort Ernst Käsemanns aus der einleitenden Hinführung aufgenommen: "Kennen wir Jesus? Das ist keine rhetorische Frage, die jeweils sofort eine befriedigende Antwort findet. Das ist die geheime Unruhe, welche die Kirchengeschichte in Atem hält, und ein unabgeschlossener, die Generationen überdauernder Prozeß" (s. oben S. 12). Dieser "unabgeschlossene Prozeß" und diese "Unruhe" seien noch zugespitzt mit den folgenden Zeilen Heinrich Heines aus seinem Zyklus "Lazarus" (Heinrich Heine, Gesamtausgabe [Düsseldorfer Ausgabe] hrsg. von M. Windfuhr, Bd. 3, Hamburg 1992, S. 198):

> Warum schleppt sich blutend, elend,
> Unter Kreuzlast der Gerechte,
> Während glücklich als ein Sieger
> Trabt auf hohem Roß der Schlechte?

Woran liegt die Schuld? Ist etwa
Unser Herr nicht ganz allmächtig?
Oder treibt er selbst den Unfug?
Ach, das wäre niederträchtig.

Also fragen wir beständig,
Bis man uns mit einer Handvoll
Erde endlich stopft die Mäuler -
Aber ist das eine Antwort?

Scharfsinniger und aufwühlender kann man die alte Hiob-Frage nicht zur Sprache bringen. Auch von Jesus selbst erhalten wir keine "erklärende" Antwort. Die Zumutung der Verweigerung einer "einsichtigen" Begründung für sein religiös unkonventionelles Handeln, ersetzt durch Beanspruchung unmittelbar von Gott abgeleiteter Autorität, sowie das Durchhalten der paradoxen Erwartung, Gott werde seine Sache der Aufrichtung seiner Königsherrschaft trotz des gewaltsamen Endes seiner Sendung durchsetzen, alles das provoziert die Alternative von Ablehnung oder Glaube bei jedem, der sich dem Mann aus Nazaret aussetzt. Es ist schon ein letztlich unergründliches Rätsel, daß die eigentliche Botschaft Jesu darin besteht, daß er von sich aus die Beziehung auch und gerade zu denen, die ihrerseits ihre Beziehung zu ihm abgebrochen hatten, aufgrund seiner eigenen nicht begründbar einzuholenden Gottesbeziehung aufrechterhielt und damit die ihm entgegengebrachte Verständnislosigkeit unterlief. Damit ist allerdings der Grundstein für eine neue Zukunft zwischen dem vordergründig gescheiterten Jesus und seinen zerbrochenen Anhängern gelegt. Aber es ist ein *Neuanfang,* ein notwendiger Neuanfang. Das zu sehen und einzusehen, hat der "kantige" Jesus seinen Anhängern und Skeptikern zugemutet. So verstanden *darf* das Paradoxon Jesus nicht geglättet werden, es sei denn, um den Preis des Glaubens. Damit sind wir dann wieder beim in der Einleitung genannten Spannungsfeld zwischen Verstandenwerden und Erkanntwerden durch Jesus mit seiner Botschaft von Gott.

Literaturhinweise

Becker, J., Jesus von Nazareth, Berlin-New York 1995

Bösen, W., Galiläa als Lebensraum und Wirkungsfeld Jesu, Freiburg 1985

Bösen, W., Der letzte Tag des Jesus von Nazaret, Freiburg 1994

Gnilka, J., Jesus von Nazaret, Freiburg-Basel-Wien 2. Aufl. 1993

Hoffmann, P., Studien zur Frühgeschichte der Jesusbewegung, Stuttgart 1994

Merklein, H., Jesu Botschaft von der Gottesherrschaft, Stuttgart 3. Aufl. 1993

Mußner, F., Die Kraft der Wurzel - Judentum-Jesus-Kirche, Freiburg 2. Aufl. 1989

Müller, K., Möglichkeit und Vollzug jüdischer Kapitalgerichtsbarkeit im Prozeß gegen Jesus von Nazaret, in: Kertelge, K. (Hrsg.), Der Prozeß gegen Jesus, Freiburg-Basel-Wien 1988, S. 41-83

Schnackenburg, R., Die Person Jesu Christi im Spiegel der vier Evangelien, Freiburg 2. Aufl. 1994

Stegemann, H., Die Essener, Qumran, Johannes der Täufer und Jesus, Freiburg 2. Aufl. 1993

Theißen, G., Der Schatten des Galiläers, München 13. Aufl. 1993

Vögtle, A., Jesus von Nazareth, in: Kottje, R./Moeller, B. (Hrsg.), Ökumenische Kirchengeschichte, Band 1: Alte Kirche und Ostkirche, Mainz-München 5. Aufl. 1989, S. 3-24

Vögtle, A., Jesus Christus, in: Bauer, J. B. (Hrsg.), Bibeltheologisches Wörterbuch, Graz-Wien-Köln 1994, S. 333-345

Weder, H., Die Gleichnisse Jesu als Metaphern, Göttingen 3. Aufl. 1984

Weder, H., Die "Rede der Reden". Auslegung der Bergpredigt heute, Zürich 3. Aufl. 1994

Weiser, A., Was die Bibel Wunder nennt, Stuttgart 7. Aufl. 1988

Wolter, M., "Was heisset nu Gottes reich?", in: Zeitschrift für die Neutestamentliche Wissenschaft 86 (1995), S. 5-19